易學典籍選刊

周易本義

〔宋〕朱熹 撰
廖名春 點校

中華書局

圖書在版編目(CIP)數據

周易本義/(宋)朱熹撰;廖名春點校.—北京:中華書局,2009.11(2025.5 重印)
(易學典籍選刊)
ISBN 978-7-101-07018-7

Ⅰ.周…　Ⅱ.①朱…②廖…　Ⅲ.周易-研究
Ⅳ.B221.5

中國版本圖書館 CIP 數據核字(2009)第 169898 號

責任編輯:張繼海
封面設計:王銘基
責任印製:管　斌

易學典籍選刊
周易本義
〔宋〕朱　熹　撰
廖名春　點校
*
中華書局出版發行
(北京市豐臺區太平橋西里 38 號　100073)
http://www.zhbc.com.cn
E-mail:zhbc@zhbc.com.cn
北京新華印刷有限公司印刷
*
850×1168 毫米 1/32 · 9½印張 · 2 插頁 · 200 千字
2009 年 11 月第 1 版　2025 年 5 月第 19 次印刷
印數:67001-69000 冊　定價:40.00 元

ISBN 978-7-101-07018-7

目録

卷二 下經

前　言

《周易本義》是朱熹（一一三〇—一二〇〇）的重要著作，也是易學史上頗有影響的注本。其成書和流傳過程頗爲曲折，學人們的評價也有所出入，值得介紹和分析。

白壽彝（一九〇九—二〇〇〇）《〈周易本義〉考》認爲，「《周易本義》底初稿，大概在淳熙二年（一一七五）朱熹四十六歲時開始起草。這時還没有《周易本義》底名稱，而稱作《易傳》」。淳熙四年（一一七七）朱熹四十八歲時，《周易本義》「事實上的初稿」《易傳》成[一]。此是以《易傳》與《周易本義》爲一書，只是有「初稿」與「定稿」之别。

但距朱熹不久的陳振孫（？—約一二六一）《直齋書録解題》卷一卻將「《易傳》十一卷、《本義》十二卷、《易學啓蒙》一卷」分别著録，並説：「晦庵……初爲《易傳》，用王弼本。復以吕氏《古易經》爲《本義》，其大指略同而加詳焉。」[二]這是説《易傳》與《周易本義》雖「大指略同」，但還是有區别的兩書。《宋史·藝文志》、馬端臨（約一二五四—約一三二三）《文獻通考·經籍考》皆本之，都是將《易傳》、《周易本義》分爲兩書。

[一] 白壽彝：《〈周易本義〉考》，國立北平研究院：《史學集刊》第一期，一九三六年。
[二] 〔宋〕陳振孫撰，徐小蠻、顧美華點校：《直齋書録解題》卷一，第二一頁，上海古籍出版社，一九八七年。

朱熹弟子度正（一一六七—一二三五）《書〈易學啓蒙〉後》云：「晦庵先生爲《易傳》方脱稿，時天下已盛傳之。正嘗以爲請，先生曰：『學者宜觀《啓蒙》。』……先生蓋不自以《易傳》爲善也。……後之學者觀之《易傳》，則可見先生初年學《易》所以發明《彖》、《象》、《文言》者如此；觀之《啓蒙》，則可見先生後來學《易》所以舉綱撮要、明示後學如此。」[1]束景南説：「此尤可見《易傳》爲朱熹早年之作，後來所作《周易本義》乃從《易傳》而來，二書既有聯繫，又有區别，《周易本義》之於《易傳》，猶《詩集傳》之於《詩集解》、《大學章句》之於《大學集解》、《中庸章句》之於《中庸集解》、《論語集注》之於《論語要義》、《孟子集注》之於《孟子要義》也。」[2]這一看法是正確的。因此，與其説《易傳》是《周易本義》「事實上的初稿」，不如説《易傳》是《周易本義》的前身。它們雖有聯繫，但顯然是二而非一。

兩者的不同，一是形式上《易傳》用經傳合一的王弼本，而《周易本義》用經傳分離的吕祖謙《古周易》本。二是内容上《易傳》「可見先生初年學《易》所以發明《彖》、《象》、《文言》者如此」，「其義理不能出程《傳》，但節得差簡略耳」[3]；但《周易本義》本於《易學啓蒙》，「可見先生後來學《易》所以舉綱撮要，明示後學如此」，其宗旨已有很大不同。能夠代表朱熹易學思想的，應該是

---

[1] 文淵閣《四庫全書》集部别集類《性善堂稿》卷一四。

[2] 束景南：《朱熹年譜長編》，第五九六頁，華東師範大學出版社，二〇〇一年。

[3] 文淵閣《四庫全書》集部别集類《晦庵集》别集卷三《皇甫文仲》。

其晚年的《周易本義》而非其早年的《易傳》。

吕祖謙（一一三七—一一八一）定《古周易》十二篇在淳熙八年（一一八一）五月，朱熹次年六月作跋印刻於婺州。其另起爐灶的《周易本義》的撰作，應在淳熙八年五月以後[一]。《周易本義》多處有「詳見《啓蒙》」字樣。而朱熹與蔡元定（一一三五—一一九八）合著的《易學啓蒙》完稿於淳熙十三年（一一八六）。《周易本義》的完成當在這以後。

由淳熙十五年（一一八八）七月朱熹《答蔡季通書七十》「《本義》已略具備」説，可知《周易本義》此時已草成。但朱熹仍「意不甚滿於《易本義》」，又反復修改《周易本義》注文部分的底稿，直至慶元四年（一一九八）自認「近覺衰耄，不能復有所進」[二]，才最後封筆。此後，朱熹於易學間有新觀點，但已不再寫入《周易本義》[三]。

《周易本義》的流傳過程也頗爲複雜。

紹熙二年（一一九一）朱熹答孫季和書就説：「舊讀此書，嘗有私記未定，而爲人傳出摹印，近雖收毁，而傳布已多，不知曾見之否？其説雖未定，然大概可見，循此求之，庶不爲鑿空强説也。」[四]朱熹此書，白壽彝以爲「就是《本義》的初稿《易傳》本」，以爲「這可見自淳熙四年《易傳》脱

[一] 束景南：《朱子大傳》，第三八八頁，福建教育出版社，一九九二年。

[二] 文淵閣《四庫全書》集部別集類《晦庵集》卷六三《答孫敬甫》。

[三] 王風《從〈朱子語類〉看〈周易本義〉的成書過程》（《中國哲學史》二〇〇三年第四期）一文對此有詳細考證，可參。

[四] 文淵閣《四庫全書》集部別集類《晦庵集》別集卷二。

草以來，朱熹對於《易傳》的不滿，也只是枝節細微的地方，大體上是没有甚麽的」㈠，是完全錯誤的。

首先，朱熹《易傳》是用經傳合一的王弼本，度正説「其義理不能出程《傳》」，即便有過，恐怕也不會失之太遠。因此，認定紹熙二年的朱熹對其「不滿」，「只是枝節細微的地方」，是説不過去的。

其次，從「其説雖未定，然大概可見，循此求之，庶不爲鑿空强説也」來看，應是指淳熙十五年草成之《周易本義》。其次序用吕祖謙經傳分離之《古周易》本，解經又本於《易學啓蒙》，「先以卜筮占決之意求經文本意，而復以《傳》釋之」㈡，故有此説。

此後朱熹答劉君房書又説：「諸儒之言象數者，例皆穿鑿。言義理者，又太汗漫。故其書爲難讀，此《本義》、《啓蒙》所以作也。然《本義》未能成書，而爲人竊出，再行模印，有誤觀覽。《啓蒙》本欲學者且就《大傳》所言卦畫蓍數推尋，不須過爲浮説。而自今觀之，如論河圖、洛書，亦未免有剩語。」㈢此「未能成書，而爲人竊出，再行模印」之《本義》，既與《啓蒙》並稱，可見決非淳熙四年脱草之《易傳》，而當是淳熙十五年「已略具備」之《本義》。陳來考證：「書尾云：『此是僞學

㈠ 白壽彝：《〈周易本義〉考》，國立北平研究院：《史學集刊》第一期，第二五五頁。
㈡ 文淵閣《四庫全書》集部别集類《晦庵集》别集卷二《孫季和》。
㈢ 文淵閣《四庫全書》集部别集類《晦庵集》卷六〇。

見識，不審明者以爲如何？』以僞學自稱，此書必在慶元乙卯之後。」㊀朱熹晚年所談之《本義》，非早年之《易傳》明矣。

由此可知，淳熙十五年《周易本義》初成後，便「爲人竊出，再行模印」，朱熹「雖收毁，而傳布已多」。這是淳熙十五年（一一八八）至紹熙二年（一一九一）三年間之事。

嘉定五年（一二一二），「眉山楊仲禹篤好先生之學，併刊二書以貽同好」，朱熹弟子度正「敬爲書其後」㊁。但此與《啓蒙》「併刊」之書，並非《周易本義》，而是「可見先生初年學《易》所以發明《彖》、《象》、《文言》」之《易傳》。

現今流傳最廣的「原本」《周易本義》當爲南宋咸淳元年（一二六五）的吴革建寧府刻本㊂。但朱熹之孫朱鑑《〈古易音訓〉跋》曰：「鑑既刊《啓蒙》、《本義》，念音訓不可闕，因取寶、婺、臨、漳、鄂諸本，親正訛誤六十餘字而併刊之。」㊃是知朱鑑不但刊刻了《易學啓蒙》和吕祖謙的《古易音訓》，還刊刻了《周易本義》。朱鑑生於寧宗紹熙元年（一一九〇），卒於理宗景定元年（一二六〇），其所刊《周易本義》顯然當在吴革建寧府刻本之前。可能因爲是官刻本，財力雄厚，所以吴革刻

㊀ 陳來：《朱子書信編年考證》，第三八八頁，上海人民出版社，一九八九年。按：慶元乙卯，即公元一一九五年。
㊁ 文淵閣《四庫全書》集部别集類《性善堂稿》卷一四。
㊂ 李致忠：《宋版書叙録》，第二二頁，書目文獻出版社，一九九四年。
㊃ 文淵閣《四庫全書》史部目録類經籍之屬《經義考》卷三〇。

本「行格疏朗，字大如錢」，「非但是閩刻中的傑作，也是宋版書中的上乘」，以致先出的朱鑑刊本不傳，而後出的吴革刻本卻大盛。

除吴革刻本外，還有一種宋刻本流傳至今。其雖無年月題識，不詳何時何地所刻，但從其版心所記刻工姓名來看，應早於吴革本。傅增湘、王文進都以爲是臨安刻本。此一種宋本，二十世紀前葉尚存兩部㊀。其中之一現藏北京國家圖書館，只是下經一卷已亡，只剩上經一卷、傳十卷及五贊一卷、筮儀一卷了㊁。

較之以吴革建寧府刻本爲代表的十二卷本系統，四卷本系統的《周易本義》更爲流行。南宋咸淳二年（一二六六），朱熹再傳弟子台州臨海（今屬浙江）人董楷（一二二六—？）編成《周易傳義附録》十四卷㊂。是書「合程子《傳》、朱子《本義》爲一書，而采二子之遺説附録其下」，「惟程子《傳》用王弼本，而朱子《本義》則用吕祖謙所定古本。楷以程子在前，遂割裂朱子《本義》附程《傳》之後」㊃。程子《傳》和朱子《本義》本子不同，董楷合「爲一書」，二者必居其一。其以程子《傳》在前，遂以程子《傳》爲主，割裂朱子《本義》，以類相從。我們不好説這樣就没有道理，但事

㊀ 説詳王鐵：《〈周易本義〉校點説明》，《朱子全書》第一册，第三頁，上海古籍出版社、安徽教育出版社，二〇〇二年。

㊁ 《中國古籍善本書目・經部》，第四六頁，上海古籍出版社，一九八五年。

㊂ 《〈周易傳義附録〉提要》：「其學出於陳器之，器之出於朱子，故其説《易》，以洛閩爲宗。是編成於咸淳丙辰。」案：董楷《序》稱「咸淳丙寅」，「辰」當爲「寅」，故知是咸淳二年。

㊃ 文淵閣《四庫全書》經部易類《〈周易傳義附録〉提要》。

實上卻變亂了朱子《本義》的原貌，可以看出董楷對朱子《本義》的真精神還是理解不深。

董書「合程子《傳》、朱子《本義》爲一書」，卷帙繁重，而且程《傳》、《本義》和《附録》中的材料也不免有所重複。於是在其問世十數年或數十年後，元人遂就董書刪除《附録》，僅存《傳》、《義》，稱作《周易傳義》或《周易經傳》。

明永樂（一四〇三—一四二四）中，胡廣（一三七〇—一四一八）等編《周易傳義大全》，以董書爲基礎，又輯元胡一桂（一二四七—？）《易本義附録纂疏》、胡炳文（一二五〇—一三三三）《周易本義通釋》、董真卿《周易會通》諸書中所載宋、元各家之説，刊除重複，綴於程、朱注後，勒爲一編，科舉取士即以此爲據。「後來士子厭程《傳》之多，棄去不讀，專用《本義》。而《大全》之本，乃朝廷所頒，不敢輒改，遂即監版《傳義》之本，刊去程《傳》，而以程《傳》之次序爲朱之次序」。這樣，就出現了四卷本的《周易本義》。以致顧炎武（一六一三—一六八二）感嘆：「相傳且二百年矣，惜乎朱子定正之書竟不得見於世，豈非此經之不幸也夫？」㈠

四卷本的《周易本義》，據清初吴肅公（一六二六—一六九九）説，始於明成化年間（一四六五—一四八七）的奉化儒學教諭成矩。而明楊守陳《序》稱：「是編異朱子元本，亦以便士也，好事者何容喙哉！」㈡朱彝尊（一六二九—一七〇九）《經義考》按：「今用之三百年，習《易》者茫然不知《本

㈠ 文淵閣《四庫全書》子部雜家類雜考之屬《日知録》卷一。
㈡ 文淵閣《四庫全書》史部目録類經籍之屬《經義考》卷三一。

義》元本，若矩者，豈非朱子之罪人與？」㈠都是以四卷本始刻歸之於成矩。

四卷本儘管非《本義》之舊，但問世不久即得到大量翻刻。儘管有顧炎武、朱彝尊這樣的大家的批評，但從明代後期直至有清一代，流行的《周易本義》仍是「分經合傳」的四卷本而非「分經異傳」的十二卷本。這則是朱熹所始料不及的了。

關於《周易本義》一書的價值，後人一直有不同的認識。

明清兩代統治者都尊崇理學，奉朱熹爲正宗，科舉考試《周易》皆一本朱説。較之王《注》、孔《疏》，《周易本義》後來居上，不足爲奇。但也應注意到，《周易本義》卷首九圖㈡，以數説《易》，形上性更强，將「先天之學」與「後天之學」結合在一起，打通天道與人道，開拓了廣闊的解釋空間，更能滿足理論思維的需要。這是傳統社會主流尊崇《周易本義》的内因。

近代以來，政治形勢和學術觀念大變。學人們在不信王《注》、孔《疏》、程《傳》「聖人作《易》專爲説道理以教人」説的同時，卻極爲肯定《周易本義》的經、傳分觀，認同朱熹「《易》本是卜筮之書」的易學觀。從顧頡剛到李鏡池，最後由高亨集其大成，形成了近代以來的以「疑古」爲特徵的

㈠ 文淵閣《四庫全書》史部目録類經籍之屬《經義考》卷三一。

㈡ 清王懋竑力辨「《易本義》九圖非朱子之作也，後之人以《啓蒙》依放爲之」（《白田雜著》卷一），白壽彝亦持相同説法（《朱熹對於易學的貢獻》，《北平日報》一九三六年三月十六日），殊不可信。詳見王鐵：《〈周易本義〉校點説明》，《朱子全書》第一册，第七頁。

新易學體系。這一體系的發展和構成，都借鑒了朱熹《周易本義》的有關論述，都是對朱熹「《易》本是卜筮之書」說的展開。因此，可以說，不讀《周易本義》，非但不能瞭解易學在宋明以後的新發展，更不能瞭解近代以來以「疑古」爲特徵的新易學的歷史和淵源。說《周易本義》是易學史上繼王《注》、孔《疏》以後的第三座里程碑，應不爲過。

關於《周易本義》一書的爭議，首先聚焦於其易圖。

明人季本（一四八五——一五六三）「爲《圖文餘辨》二卷，分《內》、《外》二篇。《內篇》辨朱子九圖之誤，其論《後天圖》非文王所作」，又「謂《先天圓圖》亦尚有可疑」㊀。

杨慎（一四八八——一五五九）譏朱子因易龍圖「其出於希夷而諱之，殆掩耳盜鈴也」。又說：「易圖先天始於希夷，而後天續於康節，朱子所以不明言者，非爲康節，直以希夷，恐後人議其流於神仙也。藏頭露尾，亦何益哉？」又說其《啓蒙》是「廋辭誤人」，甚至說後人用此說者是「不通古今者也，茅塞一世，眩惑千古，莫此爲甚」㊁。

歸有光（一五〇六——一五七一）也說：「易圖非伏羲之書也，此邵子之學也。……不應此圖交疊環布，遠出姬孔之前，乃棄而不論，而獨流落於方士之家，此豈可據以爲信乎？」㊂

㊀ 文淵閣《四庫全書》附《欽定四庫全書總目》卷七。
㊁ 文淵閣《四庫全書》子部雜家類雜考之屬《丹鉛續録》卷二。
㊂ 文淵閣《四庫全書》集部別集類《震川集》卷一。

至清初，經黄宗羲（一六一〇—一六九五）、黄宗炎（一六一六—一六八六）、毛奇齡（一六二三—一七一六）、胡渭（一六三三—一七一四）等的考證，朱子易圖的不可信已成定讞㊀。因此才有了王懋竑（一六六八—一七四一）「《易本義》九圖非朱子之作也」説，爲「《易本義》九圖」事着力替朱子洗刷。現在看來，王懋竑的洗刷是徒勞的，《周易本義》卷首九圖確實是「《易》外别傳」，以圖書解《易》，確實是朱子易學的敗筆。

貫穿《周易本義》一書始終的「《易》本是卜筮之書」説，儘管時人奉爲讀《易》的不二法門，其實也是不可信的。《周易》源於卜筮，但發展到「文王作《易》」以後的《周易》，已不能單純以卜筮之書視之了。從馬王堆出土的帛書《要》篇我們知道，孔子晚年以前也是視《周易》爲卜筮之書的，因而不主張弟子學《易》。但到晚年，卻「老而好《易》，居則在席，行則在橐」，易學觀爲之一變。爲什麽？因爲他從《周易》一書中看到了「德義」，看到了文王之道，發現「《易》有天道」、「有地道」、「有人道」、「有四時之變」、「有君道」㊁。也就是説，孔子不但在《周易》一書中發現了自然哲學，而且還發現了社會政治哲學。這是不是孔子「無中生有」、「郢書燕説」？我們可以證諸《周易》卦爻辭本身。

近人否認《周易》有陰陽觀念，説《易經》「陰」字僅一見（《中孚》九二：「鳴鶴在陰」）㊂，連「陽」

㊀ 詳參李申：《易圖考》，北京大學出版社，二〇〇一年。

㊁ 《帛書〈要〉釋文》，詳見廖名春：《帛書〈周易〉論集》，上海古籍出版社，二〇〇八年。

㊂ 就是這僅有的一個「陰」字，高亨也認爲是「蔭」的借字，指樹蔭（《周易大傳今注》，第四八〇頁，齊魯書社，一九七九年）。

字都没有，怎能説《易經》有陰陽觀念？ 怎能説「《易》以道陰陽」呢？㊀其實《周易》「乾」、「坤」的本字就是「健」、「順」。《周易・乾》卦六爻都是陽爻，卦名稱之爲「健」。可知陽爻所代表的就是健，乾卦的題中之義就是論述剛健的問題。 坤卦六爻都是陰爻，卦名稱之爲「順」。可知陰爻所代表的就是順，坤卦的題中之義就是論述柔順的問題。《周易》六十四卦都是由陽爻和陰爻構成的，八卦也是如此，可知「健」、「順」是構成《周易》六十四卦的基本因子，它們相反相成，對待而又統一。 從這一意義上説，「健」、「順」内涵了二元對待的思想，是《周易》本經本身就具有的一對概念。 表示二元對待思想的範疇，流行且爲我們熟悉的有「陰」「陽」、「剛」「柔」，但真正在《周易》本經裏能找到根據的，則只有「乾」、「坤」，也就是「健」、「順」。 因此，《周易》本經裏儘管没有「陰」、「陽」二字，但卻有二元對待的思想，其概念就是「健」、「順」。「健」、「順」就是「陽」、「陰」，「健」、「順」就是「剛」、「柔」。 孔子和以《易傳》爲代表的早期文獻「以陰陽」解《易》，形式上雖有一定的出入，但就實質而言，則是抓住了《周易》二元對待思想的本質，並非是無中生有㊁。

《乾》卦九三爻辭「君子終日乾乾，夕惕若，厲，无咎」，歷來注家皆本孔穎達《正義》，以爲爻辭是説「君子日則黽勉，夕則惕懼，雖處危境，亦可无咎」。 但《淮南子・人間》卻説：「『終日乾乾』，

㊀ 張立文：《周易思想研究》，第一一三、一一九頁，湖北人民出版社，一九八〇年。
㊁ 詳見廖名春：《從「乾」、「坤」的本字論〈周易〉的哲學内涵》，〔韓國〕成均館大學儒教文化研究所：《儒教文化研究》國際版第九輯，二〇〇八年二月。

以陽動也；『夕惕若厲』，以陰息也。因日而動，因夜以息，唯有道者能行之。」帛書《衷》篇也説：「『君子冬日鍵鍵』，用也；『夕沂若，厲无咎』，息也。」意思是説「動」還是「息」，取決於「時」。君子當因時而動，因時而止。這種重「時」的思想，我們能説它不是哲學麽？

又如《坤》卦六二爻辭「直方大不習无不利」，王弼、孔穎達、朱熹都以爲「不習無不利」是「不待學習而無不利」。這確實没有什麽道理。但帛書《二三子》篇、帛書《衷》篇卻以「撓」、「折」解「習」。這使我想到：「習」當是借字，本字當作「摺（折）」。爻辭是説：做到正直而方正，就能宏大，就能不折敗，就没有不利㊀。這種對「直方」的推崇，不能説不是哲學。

這樣的例子，實在是太多了，限於篇幅，就不一一詳舉。由此可見，説《周易》「本是卜筮之書」，没有哲學，没有社會政治思想，簡單地否定「聖人作《易》專爲説道理以教人」的古訓，只能説是誤讀《周易》的卦爻辭。從這一角度而言，我們實在不能對朱熹的《周易本義》評價過高。客觀地説，從「本義」論，朱熹的《周易本義》不是成功之作；但就易學史而言，朱熹的《周易本義》又是我們繞不過去的一座高峰。今天我們讀《周易本義》，意義正在於後者。

本點校本原係朱伯崑先生主持的美芝靈國際易學研究院的函授教材，由廣州出版社於一九九四年出版過。其底本是上海古籍出版社影印的一九三六年世界書局的「四书五經」本。而世

㊀ 以上兩例，詳見廖名春：《周易乾坤兩卦卦爻辭五考》，《周易研究》一九九九年第一期。

界書局本又是據武英殿本合併影印的。從版本源流而言，應屬於「分經合傳」的四卷本一系。世界書局本原有斷句，在此基礎上，筆者又作了新式標點，並改正了一些明顯的錯字，以便讀者閱讀。這次承張繼海先生美意，由中華書局重版。原想在世界書局影印武英殿本的基礎上，找幾個較早的本子校校。因此，請研究生孫飛燕往國家圖書館用明正德十六年本、宋咸淳元年吴革刻本校勘一過。自己也用清明善堂本、文淵閣《四庫全書》的兩種本子校了校。結果，校出了大量的異文，如何取捨，着實爲難。原因是四卷本是從十二卷本一步一步改編過來的，由於其並非一蹴而就，其間的改動頗多。比如十二卷本原無反切和注音，四卷本則多有之。而且各種版本的四卷本反切和注音又往往有所不同。這些不同的反切和注音，到底取誰，實在不好説。還有一些異體字，雖然與文義没有太大的關係，卻是改不勝改。最後，筆者決定，爲了避免改動過大，這些與文義没有關係的異文，乾脆就不管了，基本上都以世界書局影印武英殿本爲準。只有與文義有涉的那些明顯的錯誤，才據別本做了改正。這樣，我們原先所做的校勘，可以説大量都没用上。雖然心有不甘，但也只能如此。因爲四卷本並非《周易本義》的原貌，恢復最早的四卷本的原貌並没有什麽意義。

從版本學的角度看，四卷本没有多大的意義；從朱熹的本意看，四卷本更不能成立。但從方便讀者學習《周易》看，四卷本卻較十二卷本好得多。因爲十二卷本「分經異傳」，没有「傳」，「經」文的意思難以理解。離開了「經」，如《小象傳》，更是莫名其妙。而四卷本「分經合傳」，卦辭後緊接《彖傳》和《大象》，爻辭後緊接《小象》，確實有利於我們閲讀。我們只要懂得「經」、「傳」原非一體，「傳」只能作參考，並不能與「經」等量齊觀就行了。如果想用《周易本義》來學《易》，還是四卷本更方便。我想，這應該是四卷本較十二卷本更流行的原因，也是我們當年使用四卷本《周易本義》作教材的初衷。

廖名春

二〇〇九年六月於北京回龍觀寓所

周易序

《易》之爲書，卦爻彖象之義備，而天地萬物之情見，聖人之憂天下來世其至矣。先天下而開其物，後天下而成其務。是故極其數以定天下之象，著其象以定天下之吉凶。六十四卦、三百八十四爻，皆所以順性命之理，盡變化之道也。散之在理，則有萬殊；統之在道，則无二致。所以，易有太極，是生兩儀。太極者，道也；兩儀者，陰陽也。陰陽一道也，太極無極也。萬物之生，負陰而抱陽，莫不有太極，莫不有兩儀。絪緼交感，變化不窮。形一受其生，神一發其智，情僞出焉，萬緒起焉，易所以定吉凶而生大業。故易者，陰陽之道也；卦者，陰陽之物也；爻者，陰陽之動也。卦雖不同，所同者奇耦；爻雖不同，所同者九六。是以六十四卦爲其體，三百八十四爻互爲其用，遠在六合之外，近在一身之中。暫於瞬息，微於動靜，莫不有卦之象焉，莫不有爻之義焉。至哉易乎！其道至大而无不包，其用至神而无不存。時固未始有一，而卦未始有定象；事固未始有窮，而爻亦未始有定位。以一時而索卦，則拘於无變，非易也；以一事而明爻，則窒而不通，非易也；知所謂卦爻彖象之義，而不知有卦爻彖象之用，亦非易也。故得之於精神之運、心術之動，與天地合其德，與日月合其明，與四時合其序，與鬼神合其吉凶，然後可以謂之知易也。雖然，易之有卦，易之已形者也。卦之有爻，卦之已見者也。已形已見者，可以知言；未形未見者，不可以名求，則所謂易者果何如哉？此學者所當知也。

筮儀

擇地潔處爲蓍室，南户，置牀于室中央。

牀大約長五尺，廣三尺，毋太近壁。

蓍五十莖，韜以纁帛，貯以皂囊，納之櫝中，置于牀北。

櫝以竹筒，或堅木，或布漆爲之，圓徑三寸，如蓍之長，半爲底，半爲蓋，下别爲臺函之，使不偃仆。

設木格于櫝南，居牀二分之北。

格以横木板爲之，高一尺，長竟牀，當中爲兩大刻，相距一尺，大刻之西爲三小刻，相距各五寸許，下施横足，側立案上。

置香爐一于格南，香合一于爐南，日炷香致敬。將筮，則灑掃拂拭，滌硯一，注水，及筆一、墨一、黄漆板一，于爐東，東上。筮者齊潔衣冠北面，盥手焚香致敬（齊，側皆反）。

筮者北面，見《儀禮》。若使人筮，則主人焚香畢，少退，北面立。筮者進，立于牀前少西，南向受命。主人直述所占之事，筮者許諾。主人右還，西向立；筮者右還，北向立。

兩手奉櫝蓋，置于格南爐北，出蓍于櫝，去囊解韜，置于櫝東。合五十策，兩手執之，熏于爐上。

此後所用蓍策之數，其説並見《啓蒙》。

命之曰，假爾泰筮有常，假爾泰筮有常，某官姓名，今以某事云云，未知可否。爰質所疑于神于靈，吉凶得失，悔吝憂虞，惟爾有神，尚明告之。乃以右手取其一策，反于櫝中，而以左右手中分四十九策，置格之左右兩大刻。

此第一營，所謂「分而爲二以象兩」者也。

次以左手取左大刻之策執之，而以右手取右大刻之一策，掛于左手之小指間。

此第二營，所謂「掛一以象三」者也。

次以右手四揲左手之策（揲，食列反）。

此第三營之半，所謂「揲之以四以象四時」者也。

次歸其所餘之策，或一，或二，或三，或四，而扐之左手无名指間。

此第四營之半，所謂「歸奇于扐以象閏」者也。

次以右手反過揲之策于左大刻，遂取右大刻之策執之，而以左手四揲之。

此第三揲之半。

次歸其所餘之策如前，而扐之左手中指之間。

此第四揲之半，所謂「再扐」以象「再閏」者也。一變所餘之策，左一則右必三，左二則右亦二，左三則右必一，左四則右亦四。通掛一之策，不五則九。五以一其四而爲奇，九以兩其四而爲耦，奇者三而耦者一也。

次以右手反過揲之策于右大刻，而合左手一掛二扐之策，置于格上第一小刻。

以東爲上，後放此。

是爲一變。再以兩手取左右大刻之蓍合之。

或四十四策，或四十策。

復四揲，如第一變之儀，而置其掛扐之策于格上第二小刻，是爲二變（復，扶又反；揲，于平反；下同）。

二變所餘之策，左一則右必二，左二則右必一，左三則右必四，左四則右必三。通掛一之策，不四則八，四以一其四而爲奇，八以兩其四而爲耦，奇耦各得四之二焉。

又再取左右大刻之蓍合之。

或四十策，或三十六策，或三十二策。

復四營如第二變之儀，而置其掛扐之策于格上第三小刻，是爲三變。

　　三變餘策與二變同。

三變既畢，乃視其三變所得掛扐過揲之策，而畫其爻于版。

　　掛扐之數，五四爲奇，九八爲耦，掛扐三奇，合十三策，則過揲三十六策而爲老陽，其畫爲□，所謂重也；掛扐兩奇一耦合十七策，則過揲三十二策而爲少陰，其畫爲⚋，所謂拆也；掛扐兩耦一奇合二十一策，則過揲二十八策而爲少陽，其畫爲⚊，所謂單也；掛扐三耦合二十五策，則過揲二十四策而爲老陰，其畫爲✕，所謂交也。

如是每三變而成爻。

　　第一、第四、第七、第十、第十三、第十六，凡六變並同，但第三變以下不命，而但用四十九蓍耳。第二、第五、第八、第十一、第十四、第十七，凡六變亦同。第三、第六、第九、第十二、第十五、第十八，凡六變亦同。

凡十有八變而成卦，乃考其卦之變，而占其事之吉凶。

　　卦變別有圖，説見《啓蒙》。

禮畢，韜蓍襲之以囊，入櫝加蓋，斂筆硯墨版，再焚香致敬而退。

　　如使人筮，則主人焚香，揖筮者而退。

周易本義卦歌

八卦取象歌

☰ 乾三連，
☷ 坤六斷；
☳ 震仰盂，
☶ 艮覆盌；
☲ 離中虛，
☵ 坎中滿；
☱ 兌上缺，
☴ 巽下斷。

分宫卦象次序

乾、坎、艮、震爲陽四宫，巽、離、坤、兑爲陰四宫，每宫陰陽八卦。

乾爲天，天風姤，天山遯，天地否，風地觀，山地剥，火地晉，火天大有；

坎爲水，水澤節，水雷屯，水火既濟，澤火革，雷火豐，地火明夷，地水師；
艮爲山，山火賁，山天大畜，山澤損，火澤睽，天澤履，風澤中孚，風山漸；
震爲雷，雷地豫，雷水解，雷風恒，地風升，水風井，澤風大過，澤雷隨；
巽爲風，風天小畜，風火家人，風雷益，天雷无妄，火雷噬嗑，山雷頤，山風蠱；
離爲火，火山旅，火風鼎，火水未濟，山水蒙，風水涣，天水訟，天火同人；
坤爲地，地雷復，地澤臨，地天泰，雷天大壯，澤天夬，水天需，水地比；
兑爲澤，澤水困，澤地萃，澤山咸，水山蹇，地山謙，雷山小過，雷澤歸妹。

上下經卦名次序歌

乾坤屯蒙需訟師，
比小畜兮履泰否；
同人大有謙豫隨，
蠱臨觀兮噬嗑賁；
剥復无妄大畜頤，
大過坎離三十備。

咸恒遯兮及大壯，
晉與明夷家人睽；
蹇解損益夬姤萃，
升困井革鼎震繼；
艮漸歸妹豐旅巽，
兑涣節兮中孚至；
小過既濟兼未濟，
是爲下經三十四。

上下經卦變歌

訟自遯變泰歸妹，
否從漸來隨三位，
首困噬嗑未濟兼，
蠱三變賁井既濟，
噬嗑六五本益生，
賁原於損既濟會，

无妄訟來大畜需，
咸旅恒豐皆疑似，
晉從觀更睽有三，
離與中孚家人繫，
蹇利西南小過來，
解升二卦相爲贇，
鼎由巽變漸涣旅，
涣自漸來終於是。

周易本義圖目

河圖

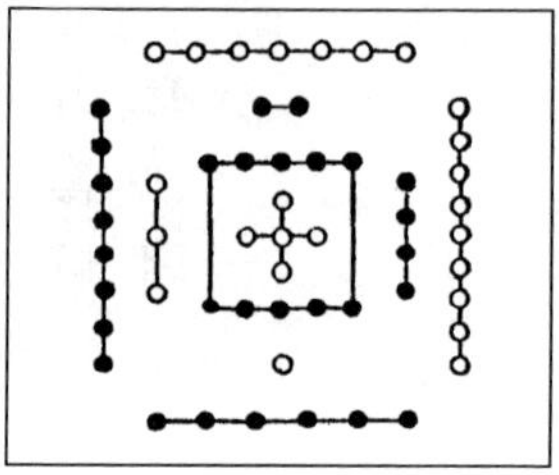

洛書

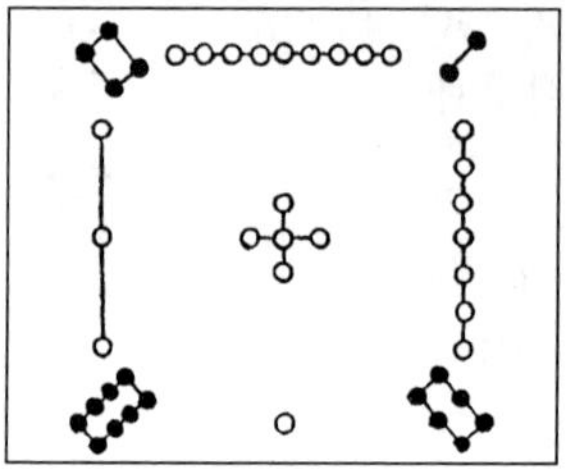

《繫辭傳》曰：「河出圖，洛出書，聖人則之。」又曰：「天一、地二，天三、地四，天五、地六，天七、地八，天九、地十。天數五，地數五，五位相得而各有合。天數二十有五，地數三十。凡天地之數五十有五，此所以成變化而行鬼神也。」此河圖之數也。洛書蓋取龜象，故其數戴九履一，左三右七，二四爲肩，六八爲足。

蔡元定曰：圖書之象，自漢孔安國、劉歆，魏關朗子明，有宋康節先生邵雍堯夫，皆謂如此。至劉牧始兩易其名，而諸家因之，故今復之，悉從其舊。

伏羲八卦次序

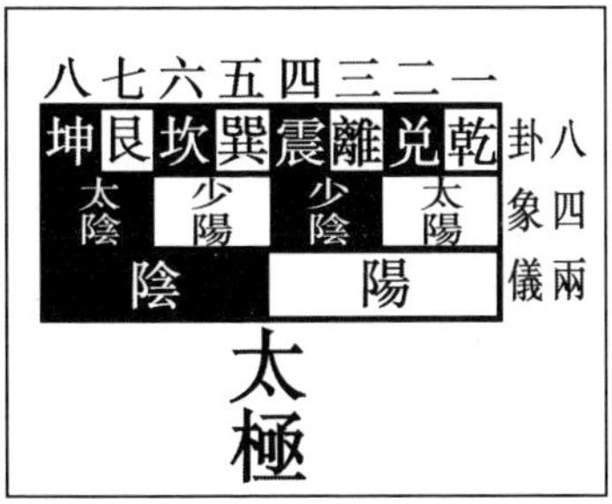

《繫辭傳》曰：「易有太極，是生兩儀，兩儀生四象，四象生八卦。」邵子曰：「一分爲二，二分爲四，四分爲八也。」《説卦傳》曰：「易，逆數也。」邵子曰：「乾一，兑二，離三，震四、巽五，坎六，艮七，坤八。自乾至坤，皆得未生之卦，若逆推四時之比也。後六十四卦次序放此。」

伏羲八卦方位

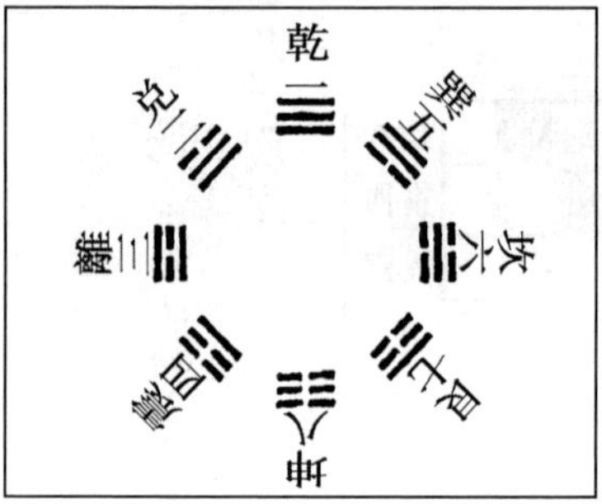

《説卦傳》曰：「天地定位，山澤通氣，雷風相薄，水火不相射。八卦相錯，數往者順，知來者逆。」邵子曰：「乾南、坤北、離東、坎西、震東北、兑東南，巽西南、艮西北。自震至乾爲順，自巽至坤爲逆。後六十四卦方位放此。」

伏羲六十四卦次序

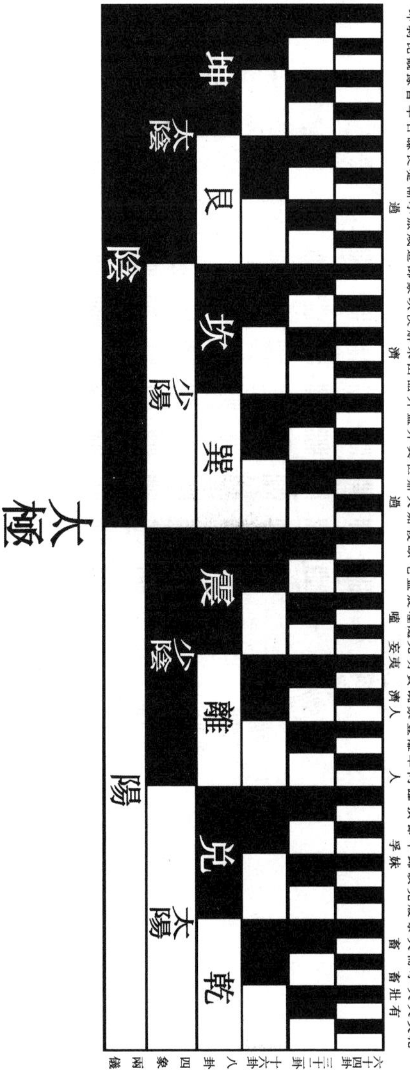

前八卦次序圖，即《繫辭傳》所謂「八卦成列」者。此圖即其所謂「因而重之」者也，故下三畫即前圖之八卦，上三畫則各以其序重之，而下卦因亦各衍而爲八也。若逐爻漸生，則邵子所謂八分爲十六，十六分爲三十二，三十二分爲六十四者，尤見法象自然之妙也。

伏羲六十四卦方位

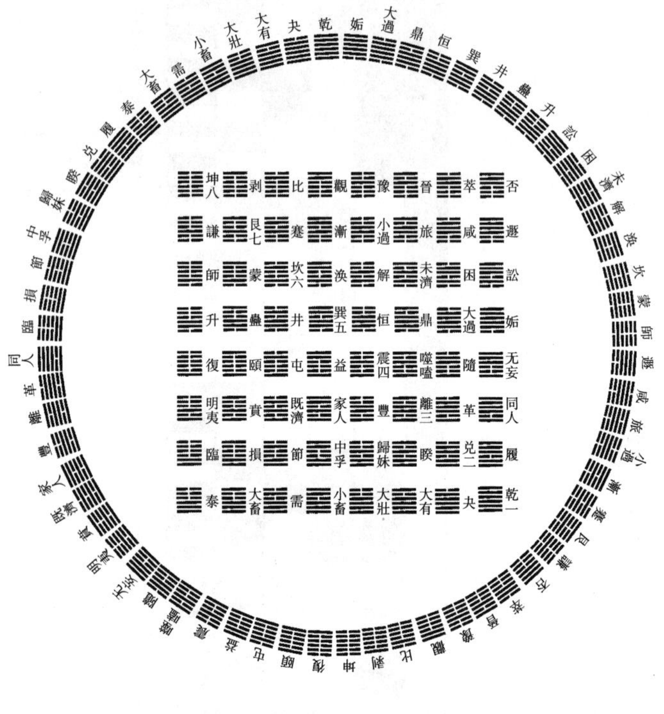
乾 姤 大過 鼎 恒 巽 井 蠱 升 訟 困 未濟 解 渙 坎 蒙 師 遯 咸 旅 小過 漸 蹇 艮 謙 否 萃 晉 豫 觀 比 剥 坤 復 頤 屯 益 震 噬嗑 隨 无妄 明夷 賁 既濟 家人 豐 離 革 同人 臨 損 節 中孚 歸妹 睽 兌 履 泰 大畜 需 小畜 大壯 大有 夬
否 遯 訟 姤 无妄 同人 履 乾一
萃 咸 困 大過 隨 革 兌二 夬
晉 旅 未濟 鼎 噬嗑 離三 睽 大有
豫 小過 解 恒 震四 豐 歸妹 大壯
觀 漸 渙 巽五 益 家人 中孚 小畜
比 蹇 坎六 井 屯 既濟 節 需
剥 艮七 蒙 蠱 頤 賁 損 大畜
坤八 謙 師 升 復 明夷 臨 泰

伏羲四圖，其説皆出邵氏。蓋邵氏得之李之才挺之，挺之得之穆修伯長，伯長得之華山希夷先生陳摶圖南者，所謂先天之學也。此圖圓布者，乾盡午中，坤盡子中，離盡卯中，坎盡酉中。陽生於子中，極於午中；陰生於午中，極於子中。其陽在南，其陰在北。方布者，乾始於西北，坤盡於東南；其陽在北，其陰在南。此二者，陰陽對待之數：圓於外者爲陽，方於中者爲陰；圓者動而爲天，方者静而爲地者也。

文王八卦次序

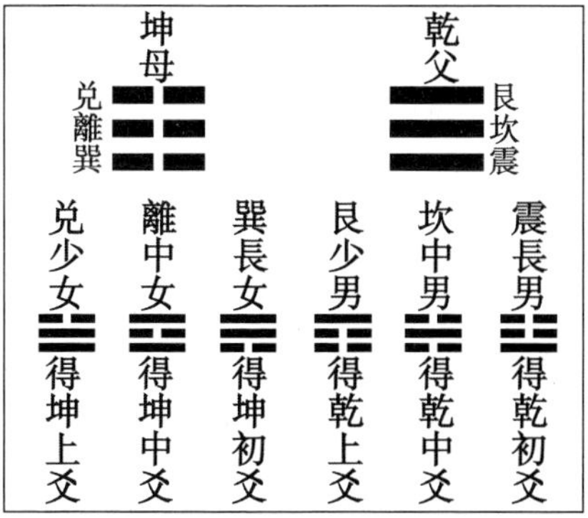

文王八卦方位

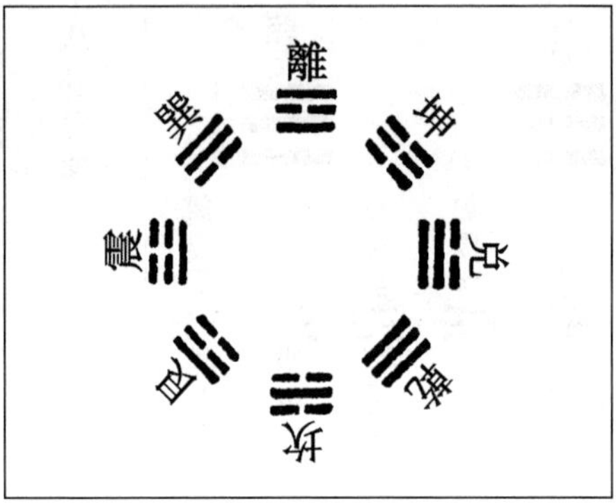

右見《說卦》。邵子曰：「此文王八卦，乃入用之位，後天之學也。」

卦變圖

《彖傳》或以卦變爲說，今作此圖以明之。蓋易中之一義，非畫卦作易之本指也。

凡一陰一陽之卦各六，皆從復、姤而來（五陰五陽，卦同圖異）。

䷖剥　䷇比　䷏豫　䷎謙　䷆師　䷗復

䷪夬　䷍大有　䷈小畜　䷉履　䷌同人　䷫姤

凡二陰二陽之卦各十有五，皆自臨、遯而來（四陰四陽，卦同圖異）。

䷚頤　䷂屯　䷲震　䷣明夷　䷒臨

䷃蒙　䷜坎　䷧解　䷭升

䷳艮　䷦蹇　䷽小過

䷢晉　䷬萃

䷓觀

䷛大過 ䷱鼎 ䷸巽 ䷅訟 ䷠遯

䷰革 ䷝離 ䷤家人 ䷘无妄

䷹兑 ䷥睽 ䷼中孚

䷄需 ䷙大畜

䷡大壯

凡三陰三陽之卦各二十，皆自泰、否而來。

䷨損　䷻節　䷵歸妹　䷊泰

䷕賁　䷾既濟　䷶豐

䷔噬嗑　䷐隨

䷩益

䷑蠱　䷯井　䷟恒

䷿未濟　䷮困

䷺渙

䷷旅 ䷞咸

䷴漸

䷋否

䷞咸 ䷷旅 ䷴漸 ䷋否

䷮困 ䷿未濟 ䷺渙

䷯井 ䷑蠱

䷟恒

䷐隨　䷔噬嗑　䷩益

䷾既濟　䷕賁

䷶豐

䷻節　䷨損

䷵歸妹

䷊泰

凡四陰四陽之卦各十有五，皆自大壯、觀而來（二陰二陽，圖已見前）。

䷙大畜　䷄需　䷡大壯

䷥睽　䷹兌

䷼中孚

䷝離　䷰革

䷤家人

䷘无妄

䷱鼎　䷛大過

䷸巽

䷅訟

䷠遯

䷬萃
䷢晉
䷓觀

䷦蹇
䷳艮

䷽小過

䷜坎
䷃蒙

䷧解　䷭升　䷂屯

䷚頤

䷲震　䷣明夷　䷒臨

凡五陰五陽之卦各六，皆自夬、剥而來（一陰一陽，圖已見前）。

䷍ 大有　䷪ 夬

䷈ 小畜

䷉ 履

䷌ 同人

䷫ 姤

䷇ 比　䷖ 剥

䷏ 豫

䷎謙　䷆師　䷗復

右易之圖九：有天地自然之易，有伏羲之易，有文王、周公之易，有孔子之易。自伏羲以上，皆无文字，只有圖畫，最宜深玩，可見作易本原精微之意。文王以下，方有文字，即今之《周易》。然讀者亦宜各就本文消息，不可便以孔子之説爲文王之説也。

周易卷之一

周易上經

周，代名也；易，書名也。其卦本伏羲所畫，有交易變易之義，故謂之易。其辭則文王、周公所繫，故繫之周。以其簡袠重大，故分爲上下兩篇，經則伏羲之畫，文王、周公之辭也；并孔子所作之傳十篇，凡十二篇。中間頗爲諸儒所亂，近世晁氏始正其失，而未能盡合古文。吕氏又更定著爲經二卷、傳十卷，乃復孔氏之舊云。

䷀（乾下乾上）乾：元亨利貞。

乾，渠焉反。六畫者，伏羲所畫之卦也。一者，奇也，陽之數也。乾者，健也，陽之性也。本注乾字，三畫卦之名也。下者，内卦也；上者，外卦也。經文乾字，六畫卦之名也。伏羲仰觀俯察，見陰陽有奇偶之數，故畫一奇以象陽，畫一耦以象陰。見一陰一陽有各生一陰一陽之象，故自下而上，再倍而三，以成八卦。見陽之性健，而其成形之大者爲天，故三奇之卦名之曰乾，而擬之於天也。三畫已具，八卦已成，則又三倍其畫以成六畫，而於八卦之上，各加八卦，以成六十四卦也。此卦六畫皆奇，上下皆乾，則陽之純而健之至也。故乾之名，天之象，皆不易焉。「元亨利貞」，文王所繫之辭，以斷一卦之吉凶，所謂彖辭者也。元，大也；亨，通也；利，宜也；貞，正而固也。文王以爲乾道大通而至正，故於筮得此卦，而六爻皆不變者，言其占當得大通，而必利在正固，然後可以保其終也。此聖人所以作易教人卜筮，而可以開物成務之精意。餘卦放此。

初九，潛龍勿用。

潛，捷言反。初九者，卦下陽爻之名。凡畫卦者自下而上，故以下爻爲初。陽數，九爲老，七爲少，老變而少不變，故謂陽爻爲九。「潛龍勿用」，周公所繫之辭，以斷一爻之吉凶，所謂爻辭者也。潛，藏也；龍，陽物也。初陽在下，未可施用，故其象爲「潛龍」，其占曰「勿用」。凡遇乾而此爻變者，當觀此象而玩其占也。餘爻放此。

九二，見龍在田，利見大人。

見龍之見，賢遍反，卦内見龍並同。二，謂自下而上，第二爻也。後放此。九二，剛健中正，出潛離隱，澤及於物，物所利見。故其象爲「見龍在田」，其占爲「利見大人」。九二，雖未得位，而大人之德已著，常人不足以當之。故值此爻之變者，但爲利見此人而已，蓋亦謂在下之大人也。此以爻與占者相爲主賓，自爲一例。若有見龍之德，則爲利見九五在上之大人矣。

九三，君子終日乾乾，夕惕若，厲无咎。

九，陽爻；三，陽位。重剛不中，居下之上，乃危地也。然性體剛健，有能乾乾惕厲之象，故其占如此。君子，指占者而言。言能憂懼如是，則雖處危地而无咎也。

九四，或躍在淵，无咎。

躍，羊灼反。「或」者，疑而未定之辭；「躍」者，无所緣而絶於地，特未飛爾；「淵」者，上空下洞，深昧不測之所，龍之在是。若下于田，或躍而起，則向乎天矣。九陽四陰，居上之下，改革之際，進退未定之時也，故其象如此。其占能隨時進退，則无咎也。

九五，飛龍在天，利見大人。

剛健中正以居尊位，如以聖人之德，居聖人之位，故其象如此。而占法與九二同，特所利見者，在上之大人爾。若有其位，則爲利見九二在下之大人也。

上九，亢龍有悔。

亢，苦浪反。上者，最上一爻之名。亢者，過于上而不能下之意也。陽極於上，動必有悔，故其象占如此。

用九，見群龍无首，吉。

用九，言凡筮得陽爻者，皆用九而不用七，蓋諸卦百九十二陽爻之通例也。以此卦純陽而居首，故於此發之。而聖人因繫之辭，使遇此卦而六爻變者，即此占之。蓋六陽皆變，剛而能柔，吉之道也。故爲群龍无首之象，而其占爲如是則吉也。《春秋傳》曰：乾之坤，曰「見群龍无首，吉」，蓋即純坤卦辭「牝馬之貞」、「先迷後得」、「東北喪朋」之意。

《彖》曰：大哉乾元，萬物資始，乃統天。

彖，吐亂反。彖即文王所繫之辭。傳者，孔子所以釋經之辭也。後凡言傳者放此。此專以天道明乾義。又析「元亨利貞」爲四德以發明之。而此一節，首釋「元」義也。「大哉」，嘆辭。元，大也，始也。「乾元」，天德之大始，故萬物之生皆資之以爲始也。又爲四德之首，而貫乎天德之始終，故曰「統天」。

雲行雨施，品物流形。

施，始豉反，卦内同。此釋乾之「亨」也。

大明終始，六位時成，時乘六龍以御天。

始，即元也；終，謂貞也。不終則无始，不貞則无以爲元也。此言聖人大明乾道之終始，則見卦之六位各以時成，而乘此六陽以行天道，是乃聖人之元亨也。

乾道變化，各正性命，保合太和，乃利貞。

「變」者，化之漸。「化」者，變之成。物所受爲性，天所賦爲命。「太和」，陰陽會合冲和之氣也。「各正」者，得於有生之初。「保合」者，全於已生之後。此言乾道變化，无所不利，而萬物各得其性命以自全，以釋「利貞」之義也。

首出庶物，萬國咸寧。

聖人在上，高出於物，猶乾道之變化也。萬國各得其所而咸寧，猶萬物之各正性命而保合太和也。此言聖人之利貞也，蓋嘗統而論之。元者，物之始生；亨者，物之暢茂；利，則向於實也；貞，則實之成也。實之既成，則其根蔕脱落，可復種而生矣。此四德之所以循環而无端也。然而四者之間，生氣流行，初无間斷，此元之所以包四德而統天也。其以聖人而言，則孔子之意，蓋以此卦爲聖人得天位，行天道，而致太平之占也。雖其文義有非文王之舊者，然讀者各以其意求之，則並行而不悖也。坤卦放此。

《象》曰：天行健，君子以自彊不息。

象者，卦之上下兩象及兩象之六爻，周公所繫之辭也。天，乾卦之象也。凡重卦皆取重義，此獨不然者，天一而已。但言天行，則見其一日一周，而明日又一周，若重複之象，非至健不能也。君子法之，不以人欲害其天德之剛，則自彊而不息矣。

「潛龍勿用」，陽在下也。

陽謂九，下謂潛。

「見龍在田」，德施普也。

「終日乾乾」，反復道也。

復，芳服反，本亦作覆。反復，重復踐行之意。

「或躍在淵」，進无咎也。

可以進，而不必進也。

「飛龍在天」，大人造也。

造，徂早反。造，猶作也。

「亢龍有悔」，盈不可久也。

「用九」，天德不可爲首也。

言陽剛不可爲物先。故六陽皆變而吉。「天行」以下，先儒謂之大象。「潛龍」

以下，先儒謂之小象。後放此。

《文言》曰：元者，善之長也；亨者，嘉之會也；利者，義之和也；貞者，事之幹也。

長，丁丈反，下「長人」同；幹，古旦反。此篇申《彖傳》、《象傳》之意，以盡乾坤二卦之藴，而餘卦之説，因可以例推云。元者，生物之始，天地之德，莫先於此，故於時爲春，於人則爲仁，而衆善之長也。亨者，生物之通，物至於此，莫不嘉美，故於時爲夏，於人則爲禮，而衆美之會也。利者，生物之遂，物各得宜，不相妨害，故於時爲秋，於人則爲義，而得其分之和。貞者，生物之成，實理具備，隨在各足，故於時爲冬，於人則爲智，而爲衆事之幹。幹，木之身，而枝葉所依以立者也。

君子體仁足以長人，嘉會足以合禮，利物足以和義，貞固足以幹事。

以仁爲體，則无一物不在所愛之中，故足以長人。嘉其所會，則无不合禮。使物各得其所利，則義无不和。「貞固」者，知正之所在而固守之，所謂知而弗去者也，故足以爲事之幹。

君子行此四德者，故曰「乾：元亨利貞」。

非君子之至健，无以行此，故曰「乾：元亨利貞」。

此第一節，申《彖傳》之意，與《春秋傳》所載穆姜之言不異。疑古者已有此語，穆姜稱之，而夫子亦有取焉。故下文别以「子曰」表孔子之辭，蓋傳者欲以明此章之爲古語也。

初九曰「潛龍勿用」，何謂也？子曰：「龍德而隱者也。不易乎世，不成乎名。遯世无悶，不見是而无悶。樂則行之，憂則違之。確乎其不可拔，潛龍也。」

樂，音洛；確，苦學反。龍德，聖人之德也，在下故隱。易，謂變其所守。大抵乾卦六爻，《文言》皆以聖人明之，有隱顯而无淺深也。

九二曰「見龍在田，利見大人」，何謂也？子曰：「龍德而正中者也。庸言之信，庸行之謹。閑邪存其誠，善世而不伐，德博而化。易曰：『見龍在田，利見大人。』君德也。」

行，下孟反；邪，以嗟反。正中，不潛而未躍之時也。常言亦信，常行亦謹，盛德之至也。「閑邪存其誠」，无斁亦保之意，言君德也者。釋大人之爲九二也。

九三曰「君子終日乾乾，夕惕若，厲无咎」，何謂也？子曰：「君子進德修業。忠信，所以進德也；修辭立其誠，所以居業也。知至至之，可與幾也；知終終之，可與存義也。是故居上位而不驕，在下位而不憂，故乾乾因其時而惕，雖危无咎矣。」

幾，音機。忠信，主於心者，无一念之不誠也。修辭，見於事者，无一言之不實也。雖有忠信之心，然非修辭立誠，則无以居之。「知至至之」，進德之事。「知終終之」，居業之事。所以「終日乾乾」而夕猶惕若者，以此故也。可上可下，不驕不憂，所謂无咎也。

九四曰「或躍在淵，无咎」，何謂也？子曰：「上下无常，非爲邪也。進退无恒，非離羣也。君子進德修業，欲及時也，故『无咎』。」

離，去聲。内卦以德學言，外卦以時位言。「進德修業」，九三備矣，此則欲其及時而進也。

九五曰「飛龍在天，利見大人」，何謂也？子曰：「同聲相應，同氣相求；水流濕，火就燥，雲從龍，風從虎；聖人作而萬物覩；本乎天者親上，本乎地者親下，則各從其類也。」

應，去聲。作，起也。物，猶人也。覩，釋「利見」之意也。「本乎天」者，謂動物；「本乎地」者，謂植物，物各從其類。聖人，人類之首也。故興起於上，則人皆見之。

上九曰「亢龍有悔」，何謂也？子曰：「貴而无位，高而无民，賢人在下位而无輔，是以動而『有悔』也。」

「賢人在下位」，謂九五以下。「无輔」，以上九過高志滿，不來輔助之也。

此第二節，申《象傳》之意。

「潛龍勿用」，下也。

「見龍在田」，時舍也。

舍，音捨。言未爲時用也。

「終日乾乾」，行事也。

「或躍在淵」，自試也。

未遽有爲，姑試其可。

「飛龍在天」，上治也。

治，平聲。居上以治下。

「亢龍有悔」，窮之災也。

乾元「用九」，天下治也。

治，去聲。言「乾元用九」，見與他卦不同。君道剛而能柔，天下无不治矣。

此第三節，再申前意。

「潛龍勿用」，陽氣潛藏。

「見龍在田」，天下文明。

雖不在上位，然天下已被其化。

「終日乾乾」，與時偕行。

時，當然也。

「或躍在淵」，乾道乃革。

離下而上，變革之時。

「飛龍在天」，乃位乎天德。

天德，即天位也。蓋唯有是德，乃宜居是位，故以名之。

「亢龍有悔」，與時偕極。

乾元「用九」，乃見天則。

剛而能柔，天之法也。

此第四節，又申前意。

「乾元」者，始而亨者也。

始則必亨，理勢然也。

「利貞」者，性情也。

收斂歸藏，乃見性情之實。

乾始能以美利利天下，不言所利，大矣哉！

始者，元而亨也。「利天下」者，利也。「不言所利」者，貞也。或曰：坤利牝馬，則言所利矣。

大哉乾乎！剛健中正，純粹精也。

剛以體言；健兼用言；中者，其行无過不及；正者，其立不偏，四者乾之德也。純者，不雜於陰柔。粹者，不雜於邪惡。蓋剛健中正之至極而精者，又純粹之至極也。或疑乾剛无柔，不得言中正者，不然也。天地之間，本一氣之流行而有動靜爾。以其流行之統體而言，則但謂之乾而无所不包矣。以其動靜分之，然後有陰陽剛柔之别也。

六爻發揮，旁通情也。

旁通，猶言曲盡。

時乘六龍，以御天也。雲行雨施，天下平也。

言聖人時乘六龍以御天，則如天之雲行雨施，而天下平也。

此第五節，復申首章之意。

君子以成德爲行，日可見之行也。「潛」之爲言也，隱而未見，行而未成，是以君子弗「用」也。

行，並去聲；「未見」之見，音現。成德，已成之德也。初九固成德，但其行未可見爾。

君子學以聚之，問以辨之，寬以居之，仁以行之。《易》曰「見龍在田，利見大人」，君德也。

蓋由四者以成大人之德，再言「君德」，以深明九二之爲大人也。

九三重剛而不中，上不在天，下不在田，故「乾乾」因其時而「惕」，雖危「无咎」矣。

重，平聲。下同。重剛，謂陽爻陽位。

九四重剛而不中，上不在天，下不在田，中不在人，故「或」之。「或」之者，疑之也，故「无咎」。

九四非重剛，「重」字疑衍。「在人」，謂三。「或」者，隨時而未定也。

夫「大人」者，與天地合其德，與日月合其明，與四時合其序，與鬼神合其吉凶。先天而天弗違，後天而奉天時。天且弗違，而況於人乎？況於鬼神乎？

夫，音扶；先、後，并去聲。「大人」，即釋爻辭所「利見」之「大人」也。有是德而當其位，乃可以當之。人與天地鬼神，本无二理。特蔽於有我之私，是以梏於形體而不能相通。大人无私，以道爲體，曾何彼此先後之可言哉。先天不違，謂意之所爲，默與道契；後天、奉天，謂知理如是，奉而行之。回紇謂郭子儀曰：「卜者言此行當見一大人而還。」其占蓋與此合。若子儀者，雖未及乎夫子之所論，然其至公无我，亦可謂當時之大人矣。

「亢」之爲言也，知進而不知退，知存而不知亡，知得而不知喪。

喪，去聲。所以「動而有悔」也。

其唯聖人乎？知進退存亡，而不失其正者，其唯聖人乎？

知其理勢如是而處之以道，則不至於「有悔」矣。固非計私以避害者也。再言「其唯聖人乎」，始若設問，而卒自應之也。

此第六節，復申第二、第三、第四節之意。

䷁(坤下坤上)坤：元亨，利牝馬之貞。君子有攸往，先迷，後得，主利。西南得朋，東北喪朋。安貞吉。

牝，頻忍反；喪，去聲。⚋者，耦也，陰之數也。坤者，順也，陰之性也。註中者，三畫卦之名也；經中者，六畫卦之名也。陰之成形，莫大於地。此卦三畫皆耦，故名坤而象地，重之又得坤焉。則是陰之純，順之至，故其名與象皆不易也。牝馬，順而健行者。陽先陰後，陽主義，陰主利。西南，陰方；東北，陽方。安，順之爲也。貞，健之守也。遇此卦者，其占爲大亨，而利以順健爲正，如有所往，則先迷後得而主於利。往西南則得朋，往東北則喪朋。大抵能安於正則吉也。

《彖》曰：至哉坤元，萬物資生，乃順承天。

此以地道明坤之義，而首言元也。至，極也。比大義差緩。始者，氣之始；生者，形之始。順承天施，地之道也。

坤厚載物，德合无疆；含弘光大，品物咸亨。

疆，居良反。下同。言亨也。德合无疆，謂配乾也。

「牝馬」地類，行地无疆。柔順利貞，君子攸行。

言利貞也。馬，乾之象，而以爲地類者。牝，陰物，而馬又行地之物也。行地无疆，則順而健矣。柔順利貞，坤之德也。君子攸行，人之所行如坤之德也。所行如是，則其占如下文所云也。

先迷失道，後順得常。「西南得朋」，乃與類行。「東北喪朋」，乃終有慶。

陽大陰小，陽得兼陰，陰不得兼陽，故坤之德，常減於乾之半也。東北雖喪朋，然反之西南，則終有慶矣。

安貞之吉，應地无疆。

安而且貞，地之德也。

《象》曰：地勢坤，君子以厚德載物。

地，坤之象，亦一而已，故不言重而言其勢之順，則見其高下相因之无窮，至順極厚而无所不載也。

初六，履霜，堅冰至。

六，陰爻之名。陰數六老而八少，故謂陰爻爲六也。霜，陰氣所結，盛則水凍而爲冰。此爻陰始生於下，其端甚微，而其勢必盛，故其象如履霜，則知堅冰之將至也。夫陰陽者，造化之本，不能相无，而消長有常，亦非人所能損益也。然陽主生，陰主殺，則其類有淑慝之分焉。故聖人作易，於其不能相无者，既以健順仁義之屬明之，而无所偏主。至其消長之際，淑慝之分，則未嘗不致其扶陽抑陰之意焉。蓋所以贊化育而參天地者，其旨深矣。不言其占者，謹微之意，已可見於象中矣。

《象》曰：「履霜」「堅冰」，陰始凝也；馴致其道，至堅冰也。

凝，魚陵反；馴，似遵反。按：《魏志》作「初六履霜」，今當從之。馴，順習也。

六二，直方大，不習无不利。

柔順正固，坤之直也。賦形有定，坤之方也。德合无疆，坤之大也。六二柔順而中正，又得坤道之純者。故其德内直外方而又盛大，不待學習而无不利。占者有其德，則其占如是也。

《象》曰：六二之動，「直」以「方」也。「不習无不利」，地道光也。

六三，含章可貞；或從王事，无成有終。

六陰三陽，内含章美，可貞以守。然居下之上，不終含藏，故或時出而從上之事，則始雖无成，而後必有終。爻有此象，故戒占者有此德，則如此占也。

《象》曰：含章可貞，以時發也；或從王事，知光大也。

知，音智。

六四，括囊，无咎无譽。

括，古活反。譽，音餘，又音預。括囊，言結囊口而不出也。譽者，過實之名。謹密如是，則无咎而亦无譽矣。六四重陰不中，故其象占如此。蓋或事當謹密，或時當隱遯也。

《象》曰：「括囊无咎」，慎不害也。

六五，黄裳，元吉。

黄，中色。裳，下飾。六五以陰居尊，中順之德，充諸内而見於外，故其象如此，而其占爲大善之吉也。占者德必如是，則其占亦如是矣。《春秋傳》：南蒯將叛，筮得此爻，以爲大吉。子服惠伯曰：「忠信之事則可，不然必敗。外彊内温，忠也。和以率貞，信也。故曰：『黄裳元吉。』黄，中之色也。裳，下之飾也。元，善之長也。中不忠，不得其色；下不共，不得其飾；事不善，不得其極。」且夫易不可以占險。三者有闕，筮雖當，未也。後蒯果敗，此可以見占法矣。

《象》曰：「黄裳元吉」，文在中也。

文在中而見於外也。

上六，龍戰于野，其血玄黄。

陰盛之極，至與陽争，兩敗俱傷，其象如此。占者如是，其凶可知。

《象》曰：「龍戰于野」，其道窮也。

用六，利永貞。

用六，言凡筮得陰爻者，皆用六而不用八，亦通例也。以此卦純陰而居首，故發之。遇此卦而六爻俱變者，其占如此辭。蓋陰柔而不能固守，變而爲陽，則能永貞矣。故戒占者以利永貞，即乾之利貞也。自坤而變，故不足於元亨云。

《象》曰：用六「永貞」，以大終也。

初陰後陽，故曰大終。

《文言》曰：坤至柔而動也剛，至静而德方。

剛、方，釋「牝馬之貞」也。方，謂生物有常。

後得主而有常，

程《傳》曰：「主」下當有「利」字。

含萬物而化光。

復明「亨」義。

坤道其順乎！承天而時行。

復明「順承天」之義。此以上，申《彖傳》之意。

積善之家，必有餘慶。積不善之家，必有餘殃。臣弑其君，子弑其父，非一朝一夕之故，其所由來者漸矣！由辯之不早辯也。《易》曰「履霜，堅冰至」，蓋言順也。

古字順、慎通用。按：此當作慎，言當辯之於微也。

「直」其正也，「方」其義也。君子敬以直內，義以方外，敬義立而德不孤。「直方大，不習无不利」，則不疑其所行也。

此以學而言之也。正，謂本體。義，謂裁制。敬，則本體之守也。直內方外，程《傳》備矣。不孤，言大也。疑故習而後利，不疑則何假於習。《傳》曰：「直」言其正也，「方」言其義也。君子主敬以直其內，守義以方其外，敬立而內直，義形而外方。義形於外，非在外也，敬義既立，其德盛矣。不期大而大矣。德不孤也，无所用而不周，无所施而不利，孰爲疑乎？

陰雖有美，含之以從王事，弗敢成也。地道也，妻道也，臣道也。地道「无成」，而代「有終」也。

天地變化，草木蕃；天地閉，賢人隱。《易》曰：「括囊，无咎无譽。」蓋言謹也。

君子黃中通理，

黃中，言中德在內。釋「黃」字之義也。

正位居體，

雖在尊位，而居下體，釋「裳」字之義也。

美在其中，而暢於四支，發於事業：美之至也！

「美在其中」，復釋「黄中」；「暢於四支」，復釋「居體」。

陰疑於陽必戰，爲其嫌於无陽也，故稱「龍」焉，猶未離其類也，故稱「血」焉。夫「玄黄」者，天地之雜也。天玄而地黄。

爲，于僞反。離，力智反。夫，音扶。疑，謂鈞敵而无小大之差也。坤雖无陽，然陽未嘗无也。血，陰屬。蓋氣陽而血陰也。玄、黄，天地之正色，言陰陽皆傷也。此以上，申《象傳》之意。

䷂（震下坎上）屯：元亨，利貞；勿用有攸往，利建侯。

屯，張倫反。震、坎，皆三畫卦之名。震，一陽動於二陰之下，故其德爲動，其象爲雷。坎，一陽陷於二陰之間，故其德爲陷、爲險，其象爲雲、爲雨、爲水。屯，六畫卦之名也，難也，物始生而未通之意，故其爲字，象屮穿地始出而未申也。其卦以震遇坎，乾坤始交而遇險陷，故其名爲屯。震動在下，坎險在上，是能動乎險中。能動雖可以亨，而在險則宜守正，而未可遽進。故筮得之者，其占爲大亨而利於正，但未可遽有所往耳。又初九，陽居陰下，而爲成卦之主，是能以賢下人，得民而可君之象。故筮立君者，遇之則吉也。

《彖》曰：屯，剛柔始交而難生。

難，去聲。六二《彖》同。以二體釋卦名義。始交，謂震；難生，謂坎。

動乎險中，大亨貞。

以二體之德釋卦辭。動，震之爲也；險，坎之地也。自此以下，釋「元亨利貞」，乃用文王本意。

雷雨之動滿盈，天造草昧。宜建侯而不寧。

以二體之象釋卦辭。雷，震象；雨，坎象。天造，猶言天運。草，雜亂；昧，晦冥也。陰陽交而雷雨作，雜亂晦冥，塞乎兩間。天下未定，名分未明，宜立君以統治，而未可遽謂安寧之時也。不取初九爻義者，取義多端，姑舉其一也。

《象》曰：雲雷，屯，君子以經綸。

坎不言水，而言雲者，未通之意。經綸，治絲之事，經引之，綸理之也。屯難之世，君子有爲之時也。

初九，磐桓，利居貞，利建侯。

磐，步干反。磐桓，難進之貌。屯難之初，以陽在下，又居動體，而上應陰柔險陷之爻，故有磐桓之象。然居得其正，故其占利於居貞。又本成卦之主，以陽下陰，爲民所歸，侯之象也。故其象又如此，而占者如是，則利建以爲侯也。

《象》曰：雖磐桓，志行正也；以貴下賤，大得民也。

下，遐嫁反。

六二，屯如邅如，乘馬班如，匪寇婚媾。女子貞不字，十年乃字。

邅，張連反。乘，繩澄反，又音繩。班，分布不進之貌。字，許嫁也。《禮》曰：「女子許嫁，笄而字。」六二，陰柔中正，有應於上，而乘初剛，故爲所難而邅回不進。然初非爲寇也，乃求與己爲婚媾耳。但己守正，故不之許，至於十年。數窮理極，則妄求者去，正應者合，而可許矣。爻有此象，故因以戒占者。

《象》曰：六二之難，乘剛也。「十年乃字」，反常也。

六三，即鹿无虞，惟入于林中；君子幾，不如舍，往吝。

幾，音機。舍，音捨，《象》同。陰柔居下，不中不正，上无正應，妄行取困，爲逐鹿无虞陷入林中之象。君子見幾，不如舍去。若往逐而不舍，必致羞吝，戒占者宜如是也。

《象》曰：「即鹿无虞」，以從禽也。君子舍之，「往吝」，窮也。

六四，乘馬班如，求婚媾，往吉，无不利。

陰柔居屯，不能上進，故爲「乘馬班如」之象。然初九守正居下，以應於己，故其占爲下「求婚媾」則吉也。

《象》曰：「求」而「往」，明也。

九五，屯其膏。小貞吉，大貞凶。

九五雖以陽剛中正居尊位，然當屯之時，陷於險中，雖有六二正應，而陰柔才弱，不足以濟。初九得民於下，衆皆歸之。九五坎體，有膏潤而不得施，爲屯其膏之象。占者以處小事，則守正猶可獲吉；以處大事，則雖正而不免於凶。

《象》曰：「屯其膏」，施未光也。

施，始豉反。

上六，乘馬班如，泣血漣如。

陰柔无應，處屯之終。進无所之，憂懼而已，故其象如此。

《象》曰：泣血漣如，何可長也？

長，直良反。

䷃（坎下艮上）蒙：亨。匪我求童蒙，童蒙求我。初筮告，再三瀆，瀆則不告。利貞。

告，音谷。三，息暫反。瀆，音獨。艮，亦三畫卦之名，一陽止於二陰之上，故其德爲止，其象爲山。蒙，昧也，物生之初，蒙昧未明也。其卦以坎遇艮，山下有險，蒙之地也。內險外止，蒙之意也，故其名爲蒙。亨以下，占辭也。九二內卦之主，以剛居中，能發人之蒙者，而與六五陰陽相應，故遇此卦者，有亨道也。我，二也。童蒙，幼穉而蒙昧，謂五也。筮者明，則人當求我，而其亨在人。筮者暗，則我當求人而亨在我。人求我者，當視其可否而應之；我求人者，當致其精一而扣之。而明者之養蒙，與蒙者之自養，又皆利於以正也。

《彖》曰：蒙，山下有險，險而止，蒙。

以卦象、卦德釋卦名，有兩義。

「蒙亨」，以亨行，時中也。「匪我求童蒙，童蒙求我」，志應也。「初筮告」，以剛中也。「再三瀆，瀆則不告」，瀆蒙也。蒙以養正，聖功也。

以卦體釋卦辭也，九二以可亨之道，發人之蒙，而又得其時之中，謂如下文所指之事，皆以亨行而當其可也。志應者，二剛明，五柔暗，故二不求五而五求二，其志自相應也。以剛中者，以剛而中，故能告而有節也。瀆，筮者二三，則問者固瀆，而告者亦瀆矣。蒙以養正，乃作聖之功，所以釋「利貞」之義也。

《象》曰：山下出泉，蒙；君子以果行育德。

行，下孟反，六三《象》同。泉，水之始出者，必行而有漸也。

初六，發蒙，利用刑人，用説桎梏；以往吝。

説，吐活反。桎，音質。梏，古毒反。以陰居下，蒙之甚也。占者遇此，當發其蒙。然發之之道，當痛懲而暫舍之，以觀其後。若遂往而不舍，則致羞吝矣。戒占者當如是也。

《象》曰：利用刑人，以正法也。

發蒙之初，法不可不正，懲戒所以正法也。

九二，包蒙，吉。納婦，吉；子克家。

九二以陽剛爲内卦之主，統治羣陰，當發蒙之任者。然所治既廣，物性不齊，不可一概取必。而爻之德剛而不過，爲能有所包容之象。又以陽受陰，爲納婦之象。又居下位而能任上事，爲子克家之象。故占者，有其德而當其事，則如是而吉也。

《象》曰：「子克家」，剛柔接也。

指二五之應。

六三，勿用取女，見金夫，不有躬，无攸利。

取，七具反。六三陰柔不中不正，女之見金夫而不能有其身之象也。占者遇之，則其取女必得如是之人，无所利矣。金夫，蓋以金賂己而挑之，若魯秋胡之爲者。

《象》曰：「勿用取女」，行不順也。

順，當作慎，蓋「順」、「慎」古字通用。《荀子》「順墨」作「慎墨」，且「行不慎」，於經意尤親切，今當從之。

六四，困蒙，吝。

既遠於陽，又无正應，爲困於蒙之象。占者如是，可羞吝也。能求剛明之德而親近之，則可免矣。

《象》曰：「困蒙」之「吝」，獨遠實也。

遠，于萬反。實，叶韻，去聲。

六五，童蒙，吉。

柔中居尊，下應九二，純一未發，以聽於人，故其象爲童蒙，而其占爲如是則吉也。

《象》曰：「童蒙」之「吉」，順以巽也。

上九，擊蒙；不利爲寇，利禦寇。

以剛居上，治蒙過剛，故爲擊蒙之象。然取必太過，攻治太深，則必反爲之害。惟捍其外誘以全其真純，則雖過於嚴密，乃爲得宜。故戒占者如此。凡事皆然，不止爲誨人也。

《象》曰：「利」用「禦寇」，上下順也。

禦寇以剛，上下皆得其道。

䷄（乾下坎上）需：有孚，光亨，貞吉，利涉大川。

需，待也。以乾遇坎，乾健坎險，以剛遇險，而不遽進以陷於險，待之義也。孚，信之在中者也。其卦九五以坎體中實，陽剛中正而居尊位，爲有孚得正之象。坎水在前，乾健臨之，將涉水而不輕進之象。故占者爲有所待，而能有信，則「光亨」矣。若又得正，則吉，而「利涉大川」。正固无所不利，而涉川尤貴於能待，則不欲速而犯難也。

《象》曰：「需」，須也；險在前也，剛健而不陷，其義不困窮矣。

此以卦德釋卦名義。

「需，有孚，光亨，貞吉」，位乎天位，以正中也。「利涉大川」，往有功也。

以卦體及兩象釋卦辭。

《象》曰：雲上於天，需；君子以飲食宴樂。

上，上聲。樂，音洛。雲上於天，无所復爲，待其陰陽之和而自雨爾。事之當需者，亦不容更有所爲。但飲食宴樂，俟其自至而已，一有所爲，則非需也。

初九，需于郊，利用恒，无咎。

郊，曠遠之地，未近於險之象也。而初九陽剛，又有能恒於其所之象。故戒占者能如是，則无咎也。

《象》曰：「需于郊」，不犯難行也；「利用恒，无咎」，未失常也。

難，去聲。

九二，需于沙，小有言；終吉。

沙，則近於險矣。言語之傷，亦災害之小者，漸進近坎，故有此象。剛中能需，故得「終吉」，戒占者當如是也。

《象》曰：「需于沙」，衍在中也；雖「小有言」，以「吉」「終」也。

衍，以善反。衍，寬意。以寬居中，不急進也。

九三，需于泥，致寇至。

泥，將陷於險矣。寇，則害之大者。九三去險愈近而過剛不中，故其象如此。

《象》曰：「需于泥」，災在外也；自我「致寇」，敬慎不敗也。

外，謂外卦。「敬慎不敗」，發明占外之占，聖人示人之意切矣。

六四，需于血，出自穴。

血者，殺傷之地。穴者，險陷之所。四交坎體，入乎險矣。故爲「需于血」之象。然柔得其正，需而不進，故又爲「出自穴」之象。占者如是，則雖在傷地而終得出也。

《象》曰：「需于血」，順以聽也。

九五，需于酒食，貞吉。

酒食，宴樂之具，言安以待之。九五陽剛中正，需于尊位，故有此象。占者如是而貞固，則得吉也。

《象》曰：「酒食，貞吉」，以中正也。

上六，入于穴，有不速之客三人來；敬之，終吉。

陰居險極，无復有需，有陷而入穴之象。下應九三，九三與下二陽需極並進，爲不速客三人之象。柔不能禦而能順之，有敬之之象。占者當陷險中，然於非意之來，敬以待之，則得「終吉」也。

《象》曰：「不速之客」來，「敬之，終吉」，雖不當位，未大失也。

當，都浪反，後凡言當位不當位者倣此。以陰居上，是爲當位，言不當位，未詳。

䷅（坎下乾上）訟：有孚，窒惕，中吉；終凶。利見大人，不利涉大川。

窒，張栗反。訟，争辯也。上乾下坎，乾剛坎險，上剛以制其下，下險以伺其上。又爲内險而外健，又爲己險而彼健，皆訟之道也。九二中實，上无應與，又爲加憂，且於卦變自遯而來，爲剛來居二，而當下卦之中，有「有孚」而見窒，能懼而得中之象。上九過剛，居訟之極，有終極其訟之象。九五剛健中正，以居尊位，有「大人」之象。以剛乘險，以實履陷，有「不利涉大川」之象。故戒占者必有争辯之事，而隨其所處爲吉凶也。

《彖》曰：訟，上剛下險，險而健，訟。

以卦德釋卦名義。

「訟：有孚，窒惕，中吉」，剛來而得中也。「終凶」，訟不可成也。「利見大人」，尚中正也。「不利涉大川」，入于淵也。

以卦變、卦體、卦象釋卦辭。

《象》曰：天與水違行，訟；君子以作事謀始。

天上水下，其行相違。作事謀始，訟端絶矣。

初六，不永所事，小有言，終吉。

陰柔居下，不能終訟，故其象占如此。

《象》曰：「不永所事」，訟不可長也；雖「小有言」，其辯明也。

九二，不克訟，歸而逋，其邑人三百户，无眚。

逋，補吴反。眚，生領反。九二陽剛，爲險之主，本欲訟者也。然以剛居柔，得下之中而上應九五，陽剛居尊，勢不可敵，故其象占如此。「邑人三百户」，邑之小者，言自處卑約以免災患，占者如是，則「无眚」矣。

《象》曰：「不克訟」，歸逋竄也；自下訟上，患至掇也。

竄，七亂反。掇，都活反。掇，自取也。

六三，食舊德，貞厲，終吉；或從王事，无成。

食，猶食邑之食，言所享也。六三陰柔，非能訟者，故守舊居正，則雖危而終吉。然或出而從上之事，則亦必无成功，占者守常而不出則善也。

《象》曰：「食舊德」，從上吉也。

「從上吉」，謂隨人則吉。明自主事，則无成功也。

九四，不克訟；復即命，渝，安貞，吉。

渝，以朱反。即，就也。命，正理也。渝，變也。九四，剛而不中，故有訟象。以其居柔，故又爲不克，而復就正理，渝變其心，安處於正之象，占者如是則吉也。

《象》曰：「復即命，渝」，「安貞」不失也。

九五，訟，元吉。

陽剛中正，以居尊位，聽訟而得其平者也。占者遇之，訟而有理，必獲伸矣。

《象》曰：「訟，元吉」，以中正也。

中，則聽不偏；正，則斷合理。

上九，或錫之鞶帶，終朝三褫之。

褫，敕紙反。鞶帶，命服之飾。褫，奪也。以剛居訟極，終訟而能勝之，故有錫命受服之象。然以訟得之，豈能安久？故又有終朝三褫之象。其占爲終訟无理而或取勝，然其所得，終必失之，聖人爲戒之意深矣。

《象》曰：以訟受服，亦不足敬也。

䷆（坎下坤上）師：貞，丈人吉，无咎。

師，兵衆也。下坎上坤，坎險坤順，坎水坤地，古者寓兵於農，伏至險於大順，藏不測於至静之中。又卦唯九二一陽，居下卦之中，爲將之象。上下五陰順而從之，爲衆之象。九二以剛居下而用事，六五以柔居上而任之，爲人君命將出師之象，故其卦之名曰師。丈人，長老之稱。用師之道，利於得正，而任老成之人，乃得吉而无咎。戒占者亦必如是也。

《彖》曰：師，衆也；貞，正也。能以衆正，可以王矣。

王，往況反。此以卦體釋「師、貞」之義。以，謂能左右之也。一陽在下之中，而五陰皆爲所以也。能以衆正，則王者之師矣。

剛中而應，行險而順，以此毒天下，而民從之，「吉」又何「咎」矣！

又以卦體、卦德釋「丈人吉，无咎」之義。剛中，謂九二。應，謂六五應之。行險，謂行危道。順，謂順人心。此非有老成之德者不能也。毒，害也。師旅之興，不无害於天下。然以其有是才德，是以民悦而從之也。

《象》曰：地中有水，師；君子以容民畜衆。

畜，許六反。水不外於地，兵不外於民，故能養民，則可以得衆矣。

初六，師出以律，否臧凶。

律，法也。否臧，謂不善也。晁氏曰：「否字，先儒多作不。」是也。在卦之初，爲師之始，出師之道，當謹其始，以律則吉，不臧則凶。戒占者當謹始而守法也。

《象》曰：「師出以律」，失律「凶」也。

九二，在師，中吉，无咎；王三錫命。

九二在下，爲衆陰所歸，而有剛中之德，上應於五，而爲所寵任，故其象占如此。

《象》曰：「在師，中吉」，承天寵也；「王三錫命」，懷萬邦也。

六三，師或輿尸，凶。

輿尸，謂師徒撓敗，輿尸而歸也。以陰居陽，才弱志剛，不中不正，而犯非其分，故其象占如此。

《象》曰：「師或輿尸」，大无功也。

六四，師左次，无咎。

左次，謂退舍也。險柔不中，而居陰得正，故其象如此。全師以退，賢於六三遠矣，故其占如此。

《象》曰：「左次，无咎」，未失常也。

知難而退，師之常也。

六五，田有禽，利執言，无咎；長子帥師，弟子輿尸，貞凶。

長，之丈反。六五，用師之主，柔順而中，不爲兵端者也。敵加於己，不得已而應之，故爲「田有禽」之象，而其占利以搏執而无咎也。言，語辭也。長子，九二也；弟子，三四也。又戒占者，專於委任。若使君子任事，而又使小人參之，則是使之輿尸而歸，故雖貞而亦不免於凶也。

《象》曰：「長子帥師」，以中行也；「弟子輿尸」，使不當也。

當，去聲。

上六，大君有命，開國承家，小人勿用。

師之終，順之極，論功行賞之時也。坤爲土，故有開國承家之象。然小人則雖有功，亦不可使之得有爵土，但優以金帛可也。戒行賞之人，於小人則不可用此占，而小人遇之，亦不得用此爻也。

《象》曰：「大君有命」，以正功也；「小人勿用」，必亂邦也。

聖人之戒深矣。

䷇（坤下坎上）比：吉。原筮，元永貞，无咎。不寧方來，後夫凶。

比，毗意反。比，親輔也。九五以陽剛居上之中而得其正，上下五陰，比而從之，以一人而撫萬邦，以四海而仰一人之象。故筮者得之，則當爲人所親輔。然必再筮以自審，有元善長永正固之德，然後可以當衆之歸而无咎。其未比而有所不安者，亦將皆來歸之，若又遲而後至，則此交已固，彼來已晚，而得凶矣。若欲比人，則亦以是而反觀之耳。

《彖》曰：比，吉也；

此三字，疑衍文。

比，輔也，下順從也。

此以卦體釋卦名義。

「原筮，元永貞，无咎」，以剛中也。「不寧方來」，上下應也；「後夫凶」，其道窮也。

亦以卦體釋卦辭。「剛中」，謂五。「上下」，謂五陰。

《象》曰：地上有水，比；先王以建萬國，親諸侯。

地上有水，水比於地。不容有間。建國親侯，亦先王所以比於天下而无間者也。《象》意人來比我，此取我往比人。

初六，有孚比之，无咎；有孚盈缶，終來有他，吉。

缶，俯九反。他，湯何反。比之初，貴乎有信，則可以无咎矣。若其充實，則又有他吉也。

《象》曰：比之初六，有他吉也。

六二，比之自内，貞吉。

柔順中正，上應九五。自内比外而得其貞，吉之道也。占者如是，則正而吉矣。

《象》曰：「比之自内」，不自失也。

得正則「不自失」矣。

六三，比之匪人。

陰柔不中正，承乘應皆陰，所比皆非其人之象，其占大凶，不言可知。

《象》曰：「比之匪人」，不亦傷乎？

六四，外比之，貞吉。

以柔居柔，外比九五，爲得其正，吉之道也。占者如是，則正而吉矣。

《象》曰：「外比」於賢，以從上也。

九五，顯比；王用三驅，失前禽，邑人不誡，吉。

一陽居尊，剛健中正，卦之羣陰皆來比己。顯其比而无私，如天子不合圍，開一面之網，來者不拒，去者不追，故爲「用三驅，失前禽」而「邑人不誡」之象。蓋雖私屬，亦喻上意，不相警備以求必得也。凡此皆吉之道，占者如是則吉也。

《象》曰：「顯比」之吉，位正中也。舍逆取順，「失前禽」也。「邑人不誡」，上使中也。

舍，音捨。由上之德使不偏也。

上六，比之无首，凶。

陰柔居上，无以比下，凶之道也，故爲无首之象，而其占則凶也。

《象》曰：「比之无首」，无所終也。

以上下之象言之，則爲无首。以終始之象言之，則爲无終。无首則无終矣。

☰☴（乾下巽上）小畜：亨，密雲不雨，自我西郊。

畜，敕六反，《大畜》卦同。巽，亦三畫卦之名，一陰伏於二陽之下，故其德爲巽、爲入，其象爲風、爲木。小，陰也；畜，止之之義也。上巽下乾，以陰畜陽。又卦唯六四一陰，上下五陽皆爲所畜，故爲「小畜」。又以陰畜陽，能係而不能固，亦爲所畜者小之象。内健外巽，二五皆陽，各居一卦之中，而用事有剛而能中，其志得行之象。故其占當得亨通。然畜未極而施未行，故有「密雲不雨，自我西郊」之象。蓋「密雲」，陰物；「西郊」，陰方；「我」者，文王自我也。文王演《易》於羑里，視岐周爲西方，正「小畜」之時也。筮者得之，則占亦如其象云。

《彖》曰：「小畜」，柔得位而上下應之，曰小畜。

以卦體釋卦名義。「柔得位」，指六居四；「上下」，謂五陽。

健而巽，剛中而志行，乃「亨」。

以卦德、卦體而言，陽猶可亨也。

「密雲不雨」，尚往也；「自我西郊」，施未行也。

施，始豉反。尚往，言畜之未極，其氣猶上進也。

《象》曰：風行天上，小畜；君子以懿文德。

風有氣而无質，能畜而不能久，故爲小畜之象。「懿文德」，言未能厚積而遠施也。

初九，復自道，何其咎？吉。

復，芳六反，二爻同。下卦乾體，本皆在上之物，志欲上進而爲陰所畜。然初九體乾，居下得正，前遠於陰，雖與四爲正應，而能自守以正，不爲所畜，故有進「復自道」之象。占者如是，則无咎而吉也。

《象》曰：「復自道」，其義「吉」也。

九二，牽復，吉。

三陽志同，而九二漸進於陰，以其剛中，故能與初九牽連而復，亦吉道也。占者如是，則吉矣。

《象》曰：「牽復」在中，亦不自失也。

「亦」者承上爻義。

九三，輿説輻，夫妻反目。

説，吐活反。九三亦欲上進，然剛而不中，迫近於陰，而又非正應，但以陰陽相説，而爲所係畜，不能自進，故有「輿説輻」之象。然以志剛，故又不能平而與之争，故又爲「夫妻反目」之象。戒占者如是，則不得進而有所争也。

《象》曰：「夫妻反目」，不能正室也。

程子曰：「説輻反目，三自爲也。」

六四，有孚；血去惕出，无咎。

去，上聲。以一陰畜衆陽，本有傷害憂懼，以其柔順得正，虚中巽體，二陽助之，是「有孚」而「血去惕出」之象也，「无咎」宜矣。故戒占者亦有其德，則无咎也。

《象》曰：「有孚」「惕出」，上合志也。

九五，有孚攣如，富以其鄰。

攣，力專反。巽體三爻，同力畜乾，鄰之象也。而九五居中處尊，勢能有爲以兼乎上下，故爲「有孚攣如」，用富厚之力而以其鄰之象。以，猶《春秋》「以某師」之「以」，言能左右之也。占者「有孚」，則能如是也。

《象》曰：「有孚攣如」，不獨富也。

上九，既雨既處，尚德載；婦貞厲，月幾望；君子征凶。

幾，音機，《歸妹》卦同。畜極而成，陰陽和矣。故爲「既雨既處」之象。蓋尊尚陰德，至於積滿而然也。陰加於陽，故雖正亦厲。然陰既盛而抗陽，則君子亦不可以有行矣。其占如此，爲戒深矣。

《象》曰：「既雨既處」，「德」積「載」也。「君子征凶」，有所疑也。

䷉（兑下乾上）履虎尾，不咥人，亨。

咥，直結反。兑，亦三畫卦之名，一陰見於二陽之上，故其德爲説，其象爲澤。履，有所躡而進之義也。以兑遇乾，和説以躡剛强之後，有「履虎尾」而不見傷之象。故其卦爲履，而占如是也。人能如是，則處危而不傷矣。

《彖》曰：「履」，柔履剛也。

以二體釋卦名義。

説而應乎乾，是以「履虎尾，不咥人，亨」。

説，音悦。以卦德釋彖辭。

剛中正，履帝位而不疚，光明也。

又以卦體明之，指九五也。

《象》曰：上天下澤，履；君子以辯上下，定民志。

程《傳》備矣。《傳》曰：天在上，澤居下，上下之正理也。人之所履當如是，故取其象而爲履。君子觀履之象，以辯别上下之分，以定其民志。夫上下之分明，然後民志有定。民志定，然後可以言治。民志不定，天下不可得而治也。古之時，公卿大夫而下，位各稱其德，終身居之，得其分也。位未稱德，則君舉而進之。士修其學，學至而君求之，皆非有預於己也。農工商賈勤其事，而所享有限，故皆有定志，而天下之心可一。後世自庶士至於公卿，日志於尊榮；農工商賈，日志於富侈。億兆之心，交騖於利，天下紛然。如之何其可一也？欲其不亂，難矣。此由上下无定志也。君子觀《履》之象，而分辯上下，使各當其分以定民之心志也。

初九，素履，往，无咎。

以陽在下，居《履》之初，未爲物遷，率其素履者也。占者如是，則「往」而「无咎」也。

《象》曰：「素履」之「往」，獨行願也。

九二，履道坦坦，幽人貞吉。

剛中在下，无應於上，故爲「履道」平坦，幽獨守貞之象。「幽人」「履道」而遇其占，則貞而吉矣。

《象》曰：「幽人貞吉」，中不自亂也。

六三，眇能視，跛能履，履虎尾，咥人，凶；武人爲于大君。

跛，波我反。六三不中不正，柔而志剛，以此履乾，必見傷害，故其象如此。而占者凶，又爲剛武之人得志而肆暴之象，如秦政、項籍，豈能久也？

《象》曰：「眇能視」，不足以有明也。「跛能履」，不足以與行也。「咥人」之「凶」，位不當也。「武人爲于大君」，志剛也。

九四，履虎尾，愬愬，終吉。

愬，山革反，音色。九四亦以不中不正，履九五之剛。然以剛居柔，故能戒懼而得終吉。

《象》曰：「愬愬終吉」，志行也。

九五，夬履，貞厲。

夬，古快反。九五以剛中正履帝位，而下以兑説應之，凡事必行，无所疑礙，故其象爲夬決其履。雖使得正，亦危道也。故其占爲雖正而危，爲戒深矣。

《象》曰：「夬履，貞厲」，位正當也。

傷於所恃。

上九，視履考祥，其旋元吉。

「視履」之終，以「考」其「祥」，周「旋」无虧，則得「元吉」。占者禍福，視其所履而未定也。

《象》曰：「元吉」在上，大有慶也。

若得「元吉」，則大有福慶也。

䷊（乾下坤上）泰：小往大來，吉，亨。

泰，通也。爲卦天地交而二氣通，故爲泰。正月之卦也。小，謂陰；大，謂陽。言坤往居外，乾來居内。又自《歸妹》來，則六往居四，九來居三也。占者有陽剛之德，則「吉」而「亨」矣。

《彖》曰：「泰，小往大來，吉，亨」，則是天地交而萬物通也，上下交而其志同也。内陽而外陰，内健而外順，内君子而外小人：君子道長，小人道消也。

長，丁丈反，《否》卦同。

《象》曰：天地交，泰；后以財成天地之道，輔相天地之宜，以左右民。

財，裁同。相，息亮反。左，音佐。右，音佑。財成以制其過，輔相以補其不及。

初九，拔茅茹，以其彙，征吉。

茹，人余反。彙，于位反，音胃，《否》卦同。三陽在下，相連而進，「拔茅」連「茹」之象，征行之吉也。占者陽剛，則其征吉矣。郭璞《洞林》讀至「彙」字絕句，下卦放此。

《象》曰：「拔茅」「征吉」，志在外也。

九二，包荒，用馮河，不遐遺；朋亡，得尚于中行。

馮，音憑。九二以剛居柔，在下之中，上有六五之應，主乎泰而得中道者也。占者能包容荒穢而果斷剛决，不遺遐遠而不昵朋比，則合乎此爻中行之道矣。

《象》曰：「包荒」，「得尚于中行」，以光大也。

九三，无平不陂，无往不復；艱貞无咎，勿恤其孚，于食有福。

將過於中，泰將極而否欲來之時也。恤，憂也。孚，所期之信也。戒占者艱難守貞，則无咎而有福。

《象》曰：「无往不復」，天地際也。

六四，翩翩，不富，以其鄰，不戒以孚。

已過乎中，泰已極矣。故三陰翩然而下復，不待富而其類從之，不待戒令而信也。其占爲有小人合交以害正道，君子所當戒也。陰虚陽實，故凡言不富者，皆陰爻也。

《象》曰：「翩翩，不富」，皆失實也。「不戒以孚」，中心願也。

陰本居下，在上爲失實。

六五，帝乙歸妹，以祉元吉。

以陰居尊，爲《泰》之主。柔中虛己，下應九二，吉之道也。而「帝乙歸妹」之時，亦嘗占得此爻。占者如是，則有祉而元吉矣。凡經以古人爲言，如高宗、箕子之類者皆放此。

《象》曰：「以祉元吉」，中以行願也。

上六，城復于隍，勿用師，自邑告命，貞吝。

復，房六反，下同。泰極而否，「城復于隍」之象。戒占者不可力爭，但可自守。雖得其貞，亦不免於羞吝。

《象》曰：「城復于隍」，其命亂也。

「命亂」故復《否》，「告命」，所以治之也。治，平聲。

䷋（坤下乾上）否之匪人，不利君子貞，大往小來。

否，備鄙反。否，閉塞也，七月之卦也。正與《泰》反，故曰「匪人」，謂非人道也，其占不利於君子之正道。蓋乾往居外，坤來居內。又自《漸》卦而來，則九往居四，六來居三也。或疑「之匪人」三字衍文，由《比》六三而誤也，《傳》不特解，其義亦可見。

《彖》曰：「否之匪人，不利君子貞，大往小來」，則是天地不交而萬物不通也，上下不交而天下无邦也。內陰而外陽，內柔而外剛，內小人而外君子：小人道長，君子道消也。

《象》曰：天地不交，否；君子以儉德辟難，不可榮以禄。

辟，音避。難，去聲。收斂其德，不形於外，以避小人之難，人不得以禄位榮之。

初六，拔茅茹，以其彙；貞吉，亨。

三陰在下，當否之時，小人連類而進之象。而初之惡則未形也，故戒其貞則吉而亨。蓋能如是，則變而爲君子矣。

《象》曰：「拔茅」「貞吉」，志在君也。

小人而變爲君子，則能以愛君爲念，而不計其私矣。

六二，包承，小人吉；大人否，亨。

陰柔而中正，小人而能包容承順乎君子之象，小人之吉道也。故占者小人如是則吉，大人則當安守其否而後道亨。蓋不可以彼「包承」於我而自失其守也。

《象》曰：「大人否，亨」，不亂羣也。

言不亂於小人之羣。

六三，包羞。

以陰居陽而不中正，小人志於傷善而未能也，故爲包羞之象。然以其未發，故无凶咎之戒。

《象》曰：「包羞」，位不當也。

九四，有命无咎，疇離祉。

否，過中矣，將濟之時也。九四以陽居陰，不極其剛，故其占爲「有命无咎」。而疇類三陽，皆獲其福也。命，謂天命。

《象》曰：「有命无咎」，志行也。

九五，休否，大人吉；其亡其亡，繫于苞桑。

苞，與包同，古《易》作包。陽剛中正以居尊位，能休時之。否，大人之事也。故此爻之占，大人遇之則吉。然又當戒懼，如《繫辭傳》所云也。

《象》曰：「大人」之「吉」，位正當也。

上九，傾否，先否後喜。

以陽剛居否極，能傾時之否者也。其占爲先否後喜。

《象》曰：否終則傾，何可長也！

䷌（離下乾上）同人于野，亨，利涉大川，利君子貞。

離，亦三畫卦之名。一陰麗於二陽之間，故其德爲麗、爲文明，其象爲火、爲日、爲電。同人，與人同也。以離遇乾，火上同於天。六二得位得中而上應九五。又卦唯一陰而五陽同與之，故爲同人。于野，謂曠遠而无私也。有亨道矣，以健而行，故能涉川。爲卦内文明而外剛健，六二中正而有應，則君子之道也。占者能如是，則亨而又可涉險。然必其所同合於君子之道，乃爲利也。

《彖》曰：「同人」，柔得位得中而應乎乾，曰同人。

以卦體釋卦名義。柔謂六二，乾謂九五。

同人曰：

衍文。

「同人于野，亨，利涉大川」，乾行也。文明以健，中正而應。「君子」，正也。唯君子爲能通天下之志。

以卦德、卦體釋卦辭。「通天下之志」，乃爲大同。不然，則是私情之合而已，何以致亨而利涉哉？

《象》曰：天與火，同人；君子以類族辨物。

天在上而火炎上，其性同也。「類族辨物」，所以審異而致同也。

初九，同人于門，无咎。

同人之初，未有私主。以剛在下，上无係應，可以无咎，故其象占如此。

《象》曰：出門同人，又誰「咎」也！

六二，同人于宗，吝。

宗，黨也。六二雖中且正，然有應於上，不能大同而係於私，吝之道也，故其象占如此。

《象》曰：「同人于宗」，「吝」道也。

九三，伏戎于莽，升其高陵，三歲不興。

莽，莫蕩反。剛而不中，上无正應，欲同於二而非其正。懼九五之見攻，故有此象。

《象》曰：「伏戎于莽」，敵剛也；「三歲不興」，安行也？

言不能行。

九四，乘其墉，弗克攻，吉。

墉，音庸。剛不中正，又无應與，亦欲同於六二，而爲三所隔，故爲「乘墉」以攻之象。然以剛居柔，故有自反而不克攻之象。占者如是，則是能改過而得吉也。

《象》曰：「乘其墉」，義弗克也；其「吉」，則困而反則也。

「乘其墉」矣，則非其力之不足也，特以義之「弗克」而不攻耳。能以義斷，困而反於法則，故吉也。

九五，同人，先號咷，而後笑，大師克相遇。

號，户羔反；咷，道刀反，《旅》卦同。五剛中正，二以柔中正，相應於下，同心者也。而爲三四所隔，不得其同，然義理所同，物不得而間之，故有此象。然六二柔弱而三四剛强，故必用大師以勝之，然後得相遇也。

《象》曰：「同人」之「先」，以中直也。大師相遇，言相「克」也。

直，謂理直。

上九，同人于郊，无悔。

居外无應，物莫與同，然亦可以无悔，故其象占如此。郊，在野之内，未至於曠遠，但荒僻无與同耳。

《象》曰：「同人于郊」，志未得也。

䷍（乾下離上）大有：元亨。

大有，所有之大也。離居乾上，火在天上，无所不照。又六五一陰居尊得中，而五陽應之，故爲大有。乾健離明，居尊應天，有亨之道。占者有其德，則大善而亨也。

《彖》曰：「大有」，柔得尊位大中，而上下應之，曰大有。

以卦體釋卦名義。柔，謂六五；上下，謂五陽。

其德剛健而文明，應乎天而時行，是以「元亨」。

以卦德、卦體釋卦辭。應天，指六五也。

《象》曰：火在天上，大有；君子以遏惡揚善，順天休命。

火在天上，所照者廣，爲大有之象。所有既大，无以治之，則釁蘖萌於其間矣。天命有善而无惡，故遏惡揚善，所以順天。反之於身，亦若是而已矣。

初九，无交害，匪咎；艱則无咎。

雖當大有之時，然以陽居下，上无係應，而在事初，未涉乎害者也，何咎之有？然亦必艱以處之，則无咎。戒占者宜如是也。

《象》曰：《大有》初九，「无交害」也。

九二，大車以載，有攸往，无咎。

剛中在下，得應乎上，爲「大車以載」之象。有所往而如是，可以「无咎」矣。占者必有此德，乃應其占也。

《象》曰：「大車以載」，積中不敗也。

九三，公用亨于天子，小人弗克。

亨，《春秋傳》作「享」，謂朝獻也。古者「亨通」之亨，「享獻」之享，「烹飪」之烹，皆作「亨」字。九三居下之上，公侯之象。剛而得正，上有六五之君，虚中下賢，故爲亨于天子之象。占者有其德，則其占如是。小人无剛正之德，則雖得此爻，不能當也。

《象》曰：「公用亨于天子」，小人害也。

九四，匪其彭，无咎。

彭，蒲光反，音旁。彭字，音義未詳。程《傳》曰：「盛貌。」理或當然。六五柔中之君，九四以剛近之，有僭逼之嫌。然以其處柔也，故有不極其盛之象，而得无咎。戒占者宜如是也。

《象》曰：「匪其彭，无咎」，明辨晢也。

晳，明貌。

六五，厥孚交如，威如，吉。

大有之世，柔順而中，以處尊位。虚己以應九二之賢，而上下歸之，是其孚信之交也。然君道貴剛，太柔則廢，當以威濟之則吉。故其象占如此，亦戒辭也。

《象》曰：「厥孚交如」，信以發志也；

一人之信，足以發上下之志也。

「威如」之「吉」，易而无備也。

易，以豉反。太柔，則人將易之而无畏備之心。

上九，自天祐之，吉，无不利。

大有之世，以剛居上，而能下從六五，是能履信思順而尚賢也，滿而不溢，故其占如此。

《象》曰：《大有》上吉，「自天祐」也。

䷎（艮下坤上）謙：亨，君子有終。

謙者，有而不居之義。止乎内而順乎外，謙之意也。山至高而地至卑，乃屈而止於其下，謙之象也。占者如是，則亨通而有終矣。有終，謂先屈而後伸也。

《象》曰：「謙，亨」，天道下濟而光明，地道卑而上行。

上，時掌反。言謙之必亨。

天道虧盈而益謙，地道變盈而流謙，鬼神害盈而福謙，人道惡盈而好謙，謙尊而光，卑而不可踰，「君子」之「終」也。

惡，烏路反。好，呼報反。變，謂傾壞。流，謂聚而歸之。人能謙，則其居尊者其德愈光，其居卑者人亦莫能過，此君子所以有終也。

《象》曰：地中有山，謙；君子以裒多益寡，稱物平施。

裒，蒲侯反。稱，尺證反。施，始豉反。以卑蘊高，謙之象也。「裒多益寡」，所以稱物之宜而平其施，損高增卑以趣於平，亦謙之意也。

初六，謙謙君子，用涉大川，吉。

以柔處下，謙之至也，君子之行也。以此涉難，何往不濟？故占者如是，則利以涉川也。

《象》曰：「謙謙君子」，卑以自牧也。

六二，鳴謙，貞吉。

柔順中正，以謙有聞，正而且吉者也，故其占如此。

《象》曰：「鳴謙，貞吉」，中心得也。

九三，勞謙，君子有終，吉。

卦唯一陽，居下之上，剛而得正，上下所歸，有功勞而能謙，尤人所難，故有終而吉。占者如是，則如其應矣。

《象》曰：「勞謙君子」，萬民服也。

六四，无不利，撝謙。

撝，呼回反，與揮同。柔而得正，上而能下，其占无不利矣。然居九三之上，故戒以更當發揮其謙，以示不敢自安之意也。

《象》曰：「无不利，撝謙」，不違則也。

言不爲過。

六五，不富以其鄰，利用侵伐，无不利。

以柔居尊，在上而能謙者也。故爲不富而能以其鄰之象，蓋從之者衆矣。猶有未服者，則利以征之，而於他事亦无不利。人有是德，則如其占也。

《象》曰：「利用侵伐」，征不服也。

上六，鳴謙，利用行師，征邑國。

謙極有聞，人之所與，故可用行師。然以其質柔而无位，故可以征己之邑國而已。

《象》曰：「鳴謙」，志未得也；可「用行師」，「征邑國」也。

陰柔无位，才力不足，故其志未得，而至於行師，然亦適足以治其私邑而已。

☷☳（坤下震上）豫：利建侯，行師。

豫，和樂也。人心和樂以應其上也。九四一陽，上下應之。其志得行，又以坤遇震，爲順以動，故其卦爲豫，而其占利以立君用師也。

《彖》曰：豫，剛應而志行，順以動，豫。

以卦體、卦德釋卦名義。

豫順以動，故天地如之，而況「建侯，行師」乎？

以卦德釋卦辭。

天地以順動，故日月不過，而四時不忒。聖人以順動，則刑罰清而民服。豫之時義大矣哉！

極言之，而贊其大也。

《象》曰：雷出地奮，豫；先王以作樂崇德，殷薦之上帝，以配祖考。

雷出地奮，和之至也。先王作樂，既象其聲，又取其義。殷，盛也。

初六，鳴豫，凶。

陰柔小人，上有强援，得時主事，故不勝其豫而以自鳴，凶之道也，故其占如此。卦之得名，本爲和樂，然卦辭爲衆樂之義，爻辭除九四與卦同外，皆爲自樂，所以有吉凶之異。

《象》曰，初六「鳴豫」，志窮「凶」也。

窮，謂滿極。

六二，介于石，不終日，貞吉。

豫雖主樂，然易以溺人，溺則反而憂矣。卦獨此爻中而得正，是上下皆溺於豫，而獨能以中正自守，其介如石也。其德安静而堅確，故其思慮明審，不俟終日而見凡事之幾微也。《大學》曰：「安而後能慮，慮而後能得。」意正如此。占者如是，則正而吉矣。

《象》曰：「不終日，貞吉」，以中正也。

六三，盱豫悔，遲有悔，

盱，況于反。盱，上視也。陰不中正而近於四，四爲卦主，故六三上視於四而下溺於豫，宜有悔者也，故其象如此。而其占爲事當速悔，若悔之遲，則必有悔也。

《象》曰：「盱豫」「有悔」，位不當也。

九四，由豫，大有得；勿疑，朋盍簪。

簪，側林反。九四，卦之所由以爲豫者也，故其象如此。而其占爲「大有得」，然又當至誠不疑，則朋類合而從之矣，故又因而戒之。簪，聚也，又速也。

《象》曰：「由豫，大有得」，志大行也。

六五，貞疾，恒不死。

當豫之時，以柔居尊，沉溺於豫。又乘九四之剛，衆不附而處勢危，故爲「貞疾」之象。然以其得中，故又爲「恒不死」之象。即象而觀，占在其中矣。

《象》曰：六五「貞疾」，乘剛也；「恒不死」，中未亡也。

上六，冥豫，成有渝，无咎。

渝，以朱反。以陰柔居豫極，爲昏冥於豫之象。以其動體，故又爲其事雖成而能有渝之象。戒占者如是，則能補過而无咎，所以廣遷善之門也。

《象》曰：「冥豫」在上，何可長也？

䷐（震下兑上）隨：元亨，利貞，无咎。

隨，從也。以卦變言之，本自《困》卦九來居初，又自《噬嗑》九來居五，而自《未濟》來者兼此二變，皆剛來隨柔之義。以二體言之，爲此動而彼説，亦隨之義，故爲隨。己能隨物，物來隨己，彼此相從，其通易矣，故其占爲「元亨」，然必利於貞，乃得「无咎」。若所隨不貞，則雖大亨而不免於有咎矣。《春秋傳》穆姜曰：有是四德，隨而无咎，我皆无之，豈隨也哉。今按四德雖非本義，然其下云云，深得占法之意。

《彖》曰：隨，剛來而下柔，動而説，隨。

下，遐嫁反。説，音悦。以卦變、卦德釋卦名義。

大亨，貞，「无咎」，而天下隨時，

王肅本「時」作「之」。今當從之。釋卦辭，言能如是，則天下之所從也。

隨時之義大矣哉！

王肅本「時」字在「之」字下。今當從之。

《象》曰：澤中有雷，隨；君子以嚮晦入宴息。

雷藏澤中，隨時休息。

初九，官有渝，貞吉；出門交有功。

卦以物隨爲義，爻以隨物爲義。初九以陽居下，爲震之主，卦之所以爲隨者也。既有所隨，則有所偏主而變其常矣，惟得其正則吉。又當出門以交，不私其隨，則有功也。故其象占如此，亦因以戒之。

《象》曰：「官有渝」，從正「吉」也；「出門交有功」，不失也。

六二，係小子，失丈夫。

初陽在下而近，五陽正應而遠。二陰柔不能自守，以須正應，故其象如此，凶吝可知，不假言矣。

《象》曰：「係小子」，弗兼與也。

六三，係丈夫，失小子；隨有求得，利居貞。

丈夫，謂九四；小子，亦謂初也。三近係四而失於初，其象與六二正相反。四陽當任而已隨之，有求必得，然非正應，故有不正而爲邪媚之嫌，故其占如此，而又戒以居貞也。

《象》曰：「係丈夫」，志舍下也。

舍，音捨。

九四，隨有獲，貞凶；有孚在道以明，何咎！

九四以剛居上之下，與五同德，故其占「隨」而「有獲」。然勢陵於五，故雖正而凶。惟有孚在道而明，則上安而下從之，可以无咎也。占者當時之任，宜審此戒。

《象》曰：「隨有獲」，其義「凶」也；「有孚在道」，明功也。

九五，孚于嘉，吉。

陽剛中正，下應中正，是信于善也。占者如是，其吉宜矣。

《象》曰：「孚于嘉，吉」，位正中也。

上六，拘係之，乃從，維之；王用亨于西山。

居隨之極，隨之固結而不可解者也。誠意之極，可通神明，故其占爲「王用亨于西山」。亨，亦當作祭享之享。自周而言，岐山在西。凡筮祭山川者得之，其誠意如是，則吉也。

《象》曰：「拘係之」，上窮也。

窮，極也。

䷑（巽下艮上）**蠱：元亨，利涉大川；先甲三日，後甲三日。**

先，息薦反。後，胡豆反。蠱，壞極而有事也。其卦艮剛居上，巽柔居下，上下不交。下卑巽而上苟止，故其卦爲《蠱》。或曰剛上柔下，謂卦變自《賁》來者，初上二下；自《井》來者，五上上下；自《既濟》來者兼之，亦剛上而柔下，皆所以爲《蠱》也。蠱壞之極，亂當復治，故其占爲「元亨」而「利涉大川」。甲，日之始，事之端也。「先甲三日」，辛也；「後甲三日」，丁也。前事過中而將壞，則可自新以爲後事之端，而不使至於大壞，後事方始而尚新。然更當致其丁寧之意，以監其前事之失，而不使至於速壞。聖人之戒深也。

《彖》曰：蠱，剛上而柔下，巽而止，蠱。

以卦體、卦變、卦德釋卦名義。蓋如此，則積弊而至於蠱矣。

蠱「元亨」，而天下治也。「利涉大川」，往有事也。「先甲三日，後甲三日」，終則有始，天行也。

釋卦辭。治蠱至於「元亨」，則亂而復治之象也。亂之終，治之始，天運然也。

《象》曰：山下有風，蠱；君子以振民育德。

山下有風，物壞而有事矣。而事莫大於二者，乃治己治人之道也。

初六，幹父之蠱，有子，考无咎，厲終吉。

幹，如木之幹，枝葉之所附而立者也。蠱者，前人已壞之緒，故諸爻皆有父母之象。子能幹之，則飭治而振起矣。初六蠱未深而事易濟，故其占爲有子，則能治蠱而考得「无咎」，然亦危矣。戒占者宜如是，又知危而能戒，則終吉也。

《象》曰：「幹父之蠱」，意承考也。

九二，幹母之蠱，不可貞。

九二剛中，上應六五。子幹母蠱而得中之象。以剛承柔而治其壞，故又戒以不可堅貞。言當巽以入之也。

《象》曰：「幹母之蠱」，得中道也。

九三，幹父之蠱，小有悔，无大咎。

過剛不中，故「小有悔」。巽體得正，故「无大咎」。

《象》曰：「幹父之蠱」，終「无咎」也。

六四，裕父之蠱，往見吝。

以陰居陰，不能有爲，寬裕以治，蠱之象也。如是，則蠱將日深，故「往」則「見吝」，戒占者不可如是也。

《象》曰：「裕父之蠱」，往未得也。

六五，幹父之蠱，用譽。

柔中居尊，而九二承之以德。以此幹蠱，可致聞譽，故其象占如此。

《象》曰：「幹父」「用譽」，承以德也。

上九，不事王侯，高尚其事。

剛陽居上，在事之外，故爲此象。而占與戒皆在其中矣。

《象》曰：「不事王侯」，志可則也。

䷒（兑下坤上）臨：元亨，利貞；至于八月，有凶。

臨，進而凌逼於物也。二陽浸長以逼於陰，故爲《臨》。十二月之卦也。又其爲卦，下兑説，上坤順，九二以剛居中，上應六五，故占者大亨而利於正。然至於八月當有凶也。八月，謂自《復》卦一陽之月，至于《遯》卦二陰之月，陰長陽遯之時也。或曰，八月，謂夏正八月，於卦爲《觀》，亦《臨》之反對也。又因占而戒之。

《彖》曰：臨，剛浸而長，

長，丁丈反。以卦體釋卦名。

説而順，剛中而應。

說，音悦。又以卦德、卦體言卦之善。

大「亨」以正，天之道也。

當剛長之時，又有此善，故其占如此也。

「至于八月，有凶」，消不久也。

言雖天運之當然，然君子宜知所戒。

《象》曰：澤上有地，臨；君子以教思无窮，容保民无疆。

思，去聲。地臨於澤，上臨下也。二者皆臨下之事。教之无窮者，兑也；容之无疆者，坤也。

初九，咸臨，貞吉。

卦唯二陽，徧臨四陰，故二爻皆有「咸臨」之象。初九剛而得正，故其占爲「貞吉」。

《象》曰：「咸臨貞吉」，志行正也。

九二，咸臨，吉，无不利。

剛得中而勢上進，故其占「吉」而「无不利」也。

觀也。

《象》曰：風行地上，觀；先王以省方觀民設教。

省，悉井反。省方以觀民，設教以爲觀。

初六，童觀，小人无咎，君子吝。

卦以觀示爲義，據九五爲主也。爻以觀瞻爲義，皆觀乎九五也。初六陰柔在下，不能遠見。「童觀」之象，小人之道，君子之羞也。故其占在小人則无咎，君子得之，則可羞矣。

《象》曰：初六「童觀」，小人道也。

六二，闚觀，利女貞。

陰柔居内而觀乎外，闚觀之象，女子之正也，故其占如此。丈夫得之，則非所利矣。

《象》曰：「闚觀」「女貞」，亦可醜也。

在丈夫則爲醜也。

六三，觀我生進退。

我生，我之所行也。六三居下之上，可進可退，故不觀九五，而獨觀己所行之通塞以爲進退，占者宜自審也。

《象》曰：「觀我生進退」，未失道也。

六四，觀國之光，利用賓于王。

六四最近於五，故有此象。其占爲利於朝覲仕進也。

《象》曰：「觀國之光」，尚「賓」也。

九五，觀我生，君子无咎。

九五陽剛中正以居尊位，其下四陰，仰而觀之，君子之象也。故戒居此位、得此占者，當觀己所行，必其陽剛中正，亦如是焉，則得无咎也。

《象》曰：「觀我生」，觀民也。

此夫子以義言之，明人君觀己所行，不但一身之得失，又當觀民德之善否，以自省察也。

上九，觀其生，君子无咎。

上九陽剛，居尊位之上，雖不當事任，而亦爲下所觀，故其戒辭略與五同，但以我爲其小有主賓之異耳。

《象》曰：「觀其生」，志未平也。

「志未平」，言雖不得位，未可忘戒懼也。

䷔（震下離上）噬嗑：亨，利用獄。

噬，市利反。嗑，胡臘反。噬，齧也；嗑，合也。物有間者，齧而合之也。爲卦上下兩陽而中虚，頤口之象。九四一陽間於其中，必齧之而後合，故爲噬嗑。其占當得亨通者，有間故不通，齧之而合，則亨通矣。又三陰三陽，剛柔中半，下動上明，下雷上電，本自《益》卦六四之柔，上行以至於五而得其中，是以陰居陽，雖不當位而「利用獄」。蓋治獄之道，惟威與明而得其中之爲貴。故筮得之者，有其德，則應其占也。

《彖》曰：頤中有物，曰噬嗑。

以卦體釋卦名義。

噬嗑而亨，剛柔分，動而明，雷電合而章。柔得中而上行，雖不當位，「利用獄」也。

上，時掌反。又以卦名、卦體、卦德、二象卦變釋卦辭。

《象》曰：雷電，噬嗑；先王以明罰敕法。

雷電，當作電雷。

初九，屨校滅趾，无咎。

校，音教。初上无位，爲受刑之象。中四爻爲用刑之象。初在卦始，罪薄過小，又在卦下，故爲「屨校滅趾」之象。止惡於初，故得「无咎」。占者小傷而无咎也。

《象》曰：「屨校滅趾」，不行也。

滅趾，又有不進於惡之象。

六二，噬膚滅鼻，无咎。

祭有膚鼎，蓋肉之柔脆，噬而易嗑者。六二中正，故其所治如噬膚之易，然以柔乘剛，故雖甚易，亦不免於傷滅其鼻，占者雖傷而終「无咎」也。

《象》曰：「噬膚滅鼻」，乘剛也。

六三，噬腊肉，遇毒，小吝，无咎。

腊，音昔。腊肉，謂獸腊。全體骨而爲之者，堅韌之物也。陰柔不中正，治人而人不服，爲噬腊遇毒之象。占雖小吝，然時當「噬嗑」，於義爲「无咎」也。

《象》曰：「遇毒」，位不當也。

九四，噬乾胏，得金矢；利艱貞，吉。

乾，音干。胏，緇美反。胏，肉之帶骨者，與胾通。《周禮》：獄訟入鈞金束矢而後聽之。九四以剛居柔，得用刑之道，故有此象。言所噬愈堅，而得聽訟之宜也。然必利於艱難正固則吉，戒占者宜如是也。

《象》曰：「利艱貞吉」，未光也。

六五，噬乾肉，得黄金；貞厲，无咎。

噬乾肉，難於膚而易於腊胏者也。黄，中色。金，亦謂鈞金。六五柔順而中，以居尊位，用刑於人，人无不服，故有此象。然必「貞厲」乃得「无咎」，亦戒占者之辭也。

《象》曰：「貞厲无咎」，得當也。

上九，何校滅耳，凶。

何，何可反。何，負也。過極之陽，在卦之上，惡極罪大，凶之道也。故其象占如此。

《象》曰：「何校滅耳」，聰不明也。

滅耳，蓋罪其聽之不聰也，若能審聽而早圖之，則无此凶矣。

䷕(離下艮上)賁：亨，小利有攸往。

賁，彼僞反。賁，飾也。卦自《損》來者，柔自三來而文二，剛自二上而文三。自《既濟》而來者，柔自上來而文五，剛自五上而文上。又内離而外艮，有文明而各得其分之象，故爲「賁」。占者以其柔來文剛，陽得陰助，而離明於内，故爲「亨」。以其剛上文柔，而艮止於外，故「小利有攸往」。

《彖》曰：賁，亨。

「亨」字疑衍。

柔來而文剛，故「亨」。分剛上而文柔，故「小利有攸往」，天文也。

以卦變釋卦辭。剛柔之交，自然之象，故曰「天文」。先儒説，「天文」上當有「剛柔交錯」四字。理或然也。

文明以止，人文也。

又以卦德言之。止，謂各得其分。

觀乎天文，以察時變；觀乎人文，以化成天下。

極言《賁》道之大也。

《象》曰：山下有火，賁；君子以明庶政，无敢折獄。

山下有火，明不及遠。「明庶政」，事之小者；「折獄」，事之大者。内離明而外艮止，故取象如此。

初九，賁其趾，舍車而徒。

舍，音捨。剛德明體，自賁於下，爲舍非道之車，而安於徒步之象。占者自處當如是也。

《象》曰：「舍車而徒」，義弗乘也。

君子之取舍，決於義而已。

六二，賁其須。

二以陰柔居中正，三以陽剛而得正，皆无應與，故二附三而動，有賁須之象。占者宜從上之陽剛而動也。

《象》曰：「賁其須」，與上興也。

九三，賁如，濡如，永貞吉。

一陽居二陰之間，得其賁而潤澤者也。然不可溺於所安，故有「永貞」之戒。

《象》曰：「永貞」之「吉」，終莫之陵也。

六四，賁如，皤如，白馬翰如；匪寇，婚媾。

皤，白波反。皤，白也。馬，人所乘。人白則馬亦白矣。四與初相賁者，乃爲九三所隔而不得遂，故「皤如」。而其往求之心，如飛翰之疾也。然九三剛正，非爲寇者也，乃求婚媾耳，故其象如此。

《象》曰：六四，當位疑也。「匪寇，婚媾」，終无尤也。

「當位疑」，謂所當之位可疑也。「終无尤」，謂若守正而不與，亦无他患也。

六五，賁于丘園，束帛戔戔；吝，終吉。

戔，在千反，又音牋。六五柔中，爲賁之主。敦本尚實，得賁之道，故有「丘園」之象。然陰性吝嗇，故有「束帛戔戔」之象。束帛，薄物；戔戔，淺小之意。人而如此，雖可羞吝，然禮奢寧儉，故得「終吉」。

《象》曰：六五之吉，有喜也。

上九，白賁，无咎。

賁極反本，復於无色，善補過矣。故其象占如此。

《象》曰：「白賁，无咎」，上得志也。

䷖（坤下艮上）剥：不利有攸往。

剥，落也。五陰在下而方生，一陽在上而將盡。陰盛長而陽消落，九月之卦也。陰盛陽衰，小人壯而君子病。又内坤而外艮，有順時而止之象。故占得之者，不可有所往也。

《象》曰：「剥」，剥也，柔變剛也。

以卦體釋卦名義，言柔進于陽，變剛爲柔也。

「不利有攸往」，小人長也。順而止之，觀象也；君子尚消息盈虚，天行也。

長，丁丈反。以卦體、卦德釋卦辭。

《象》曰：山附於地，剥；上以厚下安宅。

初六，剥牀以足，蔑貞；凶。

剥自下起，滅正則凶，故其占如此。蔑，滅也。

《象》曰：「剥牀以足」，以滅下也。

六二，剥牀以辨，蔑貞凶。

辨，音辦。辨，牀幹也，進而上矣。

《象》曰：「剥牀以辨」，未有與也。

言未大盛。

六三，剥之，无咎。

衆陰方剥陽而己獨應之。去其黨而從正，无咎之道也。占者如是，則得「无咎」。

《象》曰：「剥之，无咎」，失上下也。

上下，謂四陰。

六四，剥床以膚，凶。

陰禍切身，故不復言「蔑貞」，而直言「凶」也。

《象》曰：「剥床以膚」，切近災也。

六五，貫魚以宫人寵，无不利。

魚，陰物；宫人，陰之美而受制於陽者也。五爲衆陰之長，當率其類，受制於陽，故有此象。而占者如是，則无不利也。

《象》曰：「以宫人寵」，終无尤也。

上九，碩果不食，君子得輿，小人剥廬。

一陽在上，剥未盡而能復生。君子在上，則爲衆陰所載；小人居之，則剥極於上，自失所覆，而无復碩果得輿之象矣。取象既明，而君子小人其占不同，聖人之情，益可見矣。

《象》曰：「君子得輿」，民所載也；「小人剥廬」，終不可用也。

䷗（震下坤上）復：亨。出入无疾，朋來无咎；反復其道，七日來復。利有攸往。

「反復」之復，方福反；又作覆，《彖》同。復，陽復生於下也。剥盡則爲純坤，十月之卦，而陽氣已生於下矣。積之踰月，然後一陽之體始成而來復，故十有一月，其卦爲《復》。以其陽既往而復反，故有亨道。又内震外坤，有陽動於下而以順上行之象。故其占又爲己之出入，既得无疾，朋類之來，亦得无咎。又自五月《姤》卦一陰始生，至此七爻而一陽來復，乃天運之自然，故其占又爲「反復其道」。至於七日，當得來復，又以剛德方長，故其占又爲「利有攸往」也。「反復其道」，往而復來，來而復往之意。「七日」者，所占來復之期也。

《彖》曰：「復，亨」，剛反。

剛反則亨。

動而以順行，是以「出入无疾，朋來无咎」。

以卦德而言。

「反復其道，七日來復」，天行也。

陰陽消息，天運然也。

「利有攸往」，剛長也。

長，丁丈反。以卦體而言，既生則漸長矣。

復其見天地之心乎？

積陰之下，一陽復生，天地生物之心幾於滅息。而至此乃復可見，在人則爲静極而動，惡極而善，本心幾息而復見之端也。程子論之詳矣。而邵子之詩亦曰：「冬至子之半，天心无改移。一陽初動處，萬物未生時。玄酒味方淡，太音聲正希。此言如不信，更請問包羲。」至哉言也，學者宜盡心焉。

《象》曰：雷在地中，復；先王以至日閉關，商旅不行，后不省方。

安静以養微陽也。《月令》：是月齋戒掩身，以待陰陽之所定。

初九，不遠復，无祇悔，元吉。

祇，音其。一陽復生於下，復之主也。祇，抵也。又居事初，失之未遠，能復於善，不抵於悔，大善而吉之道也。故其象占如此。

《象》曰：「不遠」之「復」，以脩身也。

六二，休復，吉。

柔順中正，近於初九而能下之。復之休美，吉之道也。

《象》曰：「修復」之「吉」，以下仁也。

六三，頻復，厲，无咎。

以陰居陽，不中不正，又處動極，復而不固，屢失屢復之象。屢失故危，復則「无咎」，故其占又如此。

《象》曰：「頻復」之「厲」，義「无咎」也。

六四，中行獨復。

四處群陰之中，而獨與初應，爲與衆俱行，而獨能從善之象。當此之時，陽氣甚微，未足以有爲，故不言吉，然理所當然，吉凶非所論也。董子曰：「仁人者，正其誼，不謀其利；明其道，不計其功。」於《剥》之六三及此爻見之。

《象》曰：「中行獨復」，以從道也。

六五，敦復，无悔。

以中順居尊，而當復之時。「敦復」之象，「无悔」之道也。

《象》曰：「敦復，无悔」，中以自考也。

考，成也。

上六，迷復，凶，有災眚。用行師，終有大敗；以其國，君凶：至于十年不克征。

眚，生領反。以陰柔居《復》終，終迷不復之象，凶之道也，故其占如此。以，猶及也。

《象》曰：「迷復」之「凶」，反君道也。

䷘（震下乾上）无妄：元亨利貞。其匪正有眚，不利有攸往。

无妄，實理自然之謂。《史記》作无望，謂无所期望而有得焉者。其義亦通。爲卦自《訟》而變，九自二來而居於初。又爲震主，動而不妄者也，故爲无妄。又二體震動而乾健，九五剛中而應六二，故其占大亨而利於正，若其不正，則有眚，而不利有所往也。

《彖》曰：无妄，剛自外來而爲主於内，動而健，剛中而應；大「亨」以正，天之命也。「其匪正有眚，不利有攸往」，无妄之往，何之矣？天命不祐，行矣哉！

以卦變、卦德、卦體言卦之善如此，故其占當獲大亨而利於正，乃天命之當然也。其有不正，則不利有所往，欲何往哉？蓋其逆天之命而天不祐之，故不可以有行也。

《象》曰：天下雷行，物與无妄；先王以茂對時育萬物。

天下雷行，震動發生，萬物各正其性命，是物物而與之以无妄也。先王法此以對時育物，因其所性，而不爲私焉。

初九，无妄，往吉。

以剛在内，誠之主也。如是而往，其吉可知，故其象占如此。

《象》曰：「无妄」之「往」，得志也。

六二，不耕獲，不菑畬，則利有攸往。

菑，側其反。畬，音餘。柔順中正，因時順理，而无私意期望之心，故有「不耕獲，不菑畬」之象，言其无所爲於前，无所冀於後也。占者如是，則利有所往矣。

《象》曰：「不耕獲」，未富也。

富如「非富天下」之富，言非計其利而爲之也。

六三，无妄之災：或繫之牛，行人之得，邑人之災。

卦之六爻，皆无妄者也。六三處不得正，故遇其占者，无故而有災，如行人牽牛以去，而居者反遭詰捕之擾也。

《象》曰：「行人」得牛，「邑人」災也。

九四，可貞，无咎。

陽剛乾體，下无應與，可固守而无咎。不可以有爲之占也。

《象》曰：「可貞，无咎」，固有之也。

有，猶守也。

九五，无妄之疾，勿藥有喜。

乾剛中正以居尊位，而下應亦中正，无妄之至也。如是而有疾，「勿藥」而自愈矣。故其象占如此。

《象》曰：「无妄」之「藥」，不可試也。

既已「无妄」而復「藥」之，則反爲妄而生疾矣。試，謂少嘗之也。

上九，无妄，行有眚，无攸利。

上九非有妄也。但以其窮極而不可行耳，故其象占如此。

《象》曰：「无妄」之「行」，窮之災也。

☶☰（乾下艮上）大畜：利貞；不家食，吉；利涉大川。

畜，敕六反。大，陽也。以艮畜乾，又畜之大者也。又以内乾剛健，外艮篤實輝光，是以能日新其德而爲畜之大也。以卦變言，此卦自《需》而來，九自五而上。以卦體言，六五尊而尚之。以卦德言，又能止健，皆非大正不能，故其占爲「利貞」，而「不家食，吉」也。又六五下應於乾，爲應乎天，故其占又爲「利涉大川」也。「不家食」，謂食禄於朝，不食於家也。

《彖》曰：大畜，剛健篤實輝光，日新其德。

以卦德釋卦名義。

剛上而尚賢，能止健，大正也。

以卦變、卦體、卦德釋卦辭。

「不家食，吉」，養賢也。

亦取尚賢之象。

「利涉大川」，應乎天也。

亦以卦體而言。

《象》曰：天在山中，大畜；君子以多識前言往行，以畜其德。

識，如字，又音志。行，下孟反。天在山中，不必實有是事，但以其象言之耳。

初九，有厲，利已。

巳，夷止反。乾之三陽，爲艮所止，故内外之卦，各取其義。初九爲六四所止，故其占往則有危而利於止也。

《象》曰：「有厲，利巳」，不犯災也。

九二，輿説輹。

説，吐活反。輹，音服，又音福。九二亦爲六五所畜，以其處中，故能自止而不進，有此象也。

《象》曰：「輿説輹」，中无尤也。

九三，良馬逐，利艱貞。曰閑輿衛，利有攸往。

三以陽居健極，上以陽居畜極，極而通之時也。又皆陽爻，故不相畜而俱進，有「良馬逐」之象焉。然過剛鋭進，故其占必戒以「艱貞」。閑習，乃「利」於有往也。「曰」，當爲日月之「日」。

《象》曰：「利有攸往」，上合志也。

六四，童牛之牿，元吉。

牿，古毒反。童者，未角之稱。牿，施横木於牛角，以防其觸，《詩》所謂楅衡者也。止之於未角之時，爲力則易，大善之吉也。故其象占如此。《學記》曰：禁於未發之謂豫。正此意也。

《象》曰：六四「元吉」，有喜也。

六五，豶豕之牙，吉。

豶，符云反。陽已進而止之，不若初之易矣。然以柔居中而當尊位，是以得其機會而可制，故其象如此。占雖吉而不言元也。

《象》曰：六五之「吉」，有慶也。

上九，何天之衢，亨。

何天之衢，言何其通達之甚也。畜極而通，豁達无礙，故其象占如此。

《象》曰：「何天之衢」，道大行也。

䷚（震下艮上）頤：貞吉；觀頤，自求口實。

頤，以之反。頤，口旁也。口食物以自養，故爲養義。爲卦上下二陽，內含四陰，外實內虛，上止下動，爲頤之象，養之義也。「貞吉」者，占者得正則吉。「觀頤」，謂觀其所養之道；「自求口實」，謂觀其所以養身之術。皆得正則吉也。

《彖》曰：頤，貞吉，養正則吉也。「觀頤」，觀其所養也。「自求口實」，觀其自養也。

釋卦辭。

天地養萬物，聖人養賢以及萬民：頤之時，大矣哉！

極言養道而贊之。

《象》曰：山下有雷，頤；君子以慎言語，節飲食。

二者養德養身之切務。

初九，舍爾靈龜，觀我朵頤，凶。

舍，音捨。朵，多果反。靈龜，不食之物。朵，垂也。朵頤，欲食之貌。初九陽剛在下，足以不食，乃上應六四之陰而動於欲，凶之道也。故其象占如此。

《象》曰：「觀我朵頤」，亦不足貴也。

六二，顛頤；拂經于丘頤，征凶。

求養於初，則顛倒而違於常理。求養於上，則往而得凶。丘，土之高者，上之象也。

《象》曰：六二「征凶」，行失類也。

初、上皆非其類也。

六三，拂頤；貞凶，十年勿用；无攸利。

陰柔不中正，以處動極，拂於頤矣。既拂於頤，雖正亦凶，故其象占如此。

《象》曰：「十年勿用」，道大悖也。

六四，顛頤，吉；虎視眈眈，其欲逐逐，无咎。

眈，都含反。柔居上而得正，所應又正，而賴其養以施於下，故雖顛而吉。「虎視眈眈」，下而專也。「其欲逐逐」，求而繼也。又能如是，則「无咎」矣。

《象》曰：「顛頤」之「吉」，上施光也。

施，始豉反。

六五，拂經；居貞吉，不可涉大川。

六五陰柔不正，居尊位而不能養人，反賴上九之養，故其象占如此。

《象》曰：「居貞」之「吉」，順以從上也。

上九，由頤；厲吉，利涉大川。

六五賴上九之養以養人，是物由上九以養也。位高任重，故「厲」而「吉」。陽剛在上，故「利涉」「川」。

《象》曰：「由頤，厲吉」，大有慶也。

䷛（巽下兑上）大過：棟橈；利有攸往，亨。

橈，乃教反。大，陽也。四陽居中過盛，故爲「大過」。上下二陰，不勝其重，故有「棟橈」之象。又以四陽雖過而二五得中，内巽外説，有可行之道，故「利有」所「往」而得「亨」也。

《彖》曰：「大過」，大者過也。

以卦體釋卦名義。

「棟橈」，本末弱也。

復以卦體釋卦辭。本，謂初。末，謂上。弱，謂陰柔。

剛過而中，巽而説行，「利有攸往」，乃「亨」。

説音悦。又以卦體、卦德釋卦辭。

「大過」之時，大矣哉！

「大過之時」，非有大過人之才，不能濟也，故嘆其大。

《象》曰：澤滅木，大過；君子以獨立不懼，遯世无悶。

澤滅於木，「大過」之象也。不懼无悶，「大過」之行也。

初六，藉用白茅，无咎。

藉，在夜反。當大過之時，以陰柔居巽下，過於畏慎而无咎者也，故其象占如此。白茅，物之潔者。

《象》曰：「藉用白茅」，柔在下也。

九二，枯楊生稊，老夫得其女妻；无不利。

稊，吐兮反。陽過之始而比初陰，故其象占如此。稊，根也；榮於下者也。榮於下，則生於上矣。夫雖老而得女妻，猶能成生育之功也。

《象》曰：「老夫」「女妻」，過以相與也。

九三，棟橈，凶。

三四二爻，居卦之中，棟之象也。九三以剛居剛，不勝其重，故象橈而占凶。

《象》曰：「棟橈」之「凶」，不可以有輔也。

九四，棟隆，吉；有它，吝。

它，湯何反。以陽居陰，過而不過，故其象隆而占吉。然下應初六，以柔濟之，則過於柔矣。故又戒以「有它」則「吝」也。

《象》曰：「棟隆」之「吉」，不橈乎下也。

九五，枯楊生華，老婦得其士夫；无咎无譽。

華，如字。九五陽過之極，又比過極之陰，故其象占皆與二反。

《象》曰：「枯楊生華」，何可久也？「老婦」「士夫」，亦可醜也。

上六，過涉滅頂；凶，无咎。

處過極之地，才弱不足以濟，然於義爲「无咎」矣。蓋殺身成仁之事，故其象占如此。

《象》曰：「過涉」之「凶」，不可咎也。

䷜（坎下坎上）習坎：有孚，維心亨。行有尚。

習，重習也。坎，險陷也。其象爲水，陽陷陰中，外虛而中實也。此卦上下皆坎，是爲重險。中實爲有孚心亨之象，以是而行，必有功矣，故其占如此。

《彖》曰：「習坎」，重險也。

重，直龍反。釋卦名義。

水流而不盈，行險而不失其信。

以卦象釋「有孚」之義，言内實而行有常也。

「維心亨」，乃以剛中也。行有尚，往有功也。

以剛在中，心亨之象。如是而往，必有功也。

天險，不可升也。地險，山川丘陵也。王公設險，以守其國。險之時用，大矣哉！

極言之而贊其大也。

《象》曰：水洊至，習坎；君子以常德行，習教事。

洊，在薦反。行，下孟反。治己治人，皆必重習，然後熟而安之。

初六，習坎，入于坎窞，凶。

窞，徒坎、陵感二反。以陰柔居重險之下，其陷益深，故其象占如此。

《象》曰：「習坎」入坎，失道「凶」也。

九二，坎有險，求小得。

處重險之中，未能自出，故爲有險之象。然剛而得中，故其占可以求小得也。

《象》曰：「求小得」，未出中也。

六三，來之坎坎，險且枕，入于坎窞，勿用。

枕，針甚反。以陰柔不中正，而履重險之間，來往皆險。前險而後枕，其陷益深，不可用也。故其象占如此。枕，倚著未安之意。

《象》曰：「來之坎坎」，終无功也。

六四，樽酒簋，貳用缶。納約自牖，終无咎。

簋，音軌。缶，俯九反。晁氏云：先儒讀「樽酒簋」爲一句，「貳用缶」爲一句。今從之。貳，益之也。《周禮》「大祭三貳」，《弟子職》「左執虚豆，右執挾匕，周旋而貳」，是也。九五尊位，六四近之，在險之時，剛柔相際，故有但用薄禮，益以誠心，進結自牖之象。牖非所由之正，而室之所以受明也。始雖艱阻，終得无咎，故其占如此。

《象》曰：「樽酒簋貳」，剛柔際也。

晁氏曰：陸氏《釋文》本无「貳」字。今從之。

九五，坎不盈，祇既平，无咎。

九五雖在坎中，然以陽剛中正居尊位，而時亦將出矣，故其象占如此。

《象》曰：「坎不盈」，中未大也。

有中德而未大。

上六，係用徽纆，寘于叢棘，三歲不得，凶。

纆，音墨。寘音置。以陰柔居險極，故其象占如此。

《象》曰：上六失道，凶「三歲」也。

䷝（離下離上）離：利貞，亨；畜牝牛，吉。

畜，許六反。離，麗也。陰麗於陽，其象爲火，體陰而用陽也，物之所麗，貴乎得正。牝牛，柔順之物也，故占者能正則亨，而畜牝牛則吉也。

《彖》曰：離，麗也；日月麗乎天，百穀草木麗乎土。重明以麗乎正，乃化成天下。

重，直龍反。釋卦名義。

柔麗乎中正，故「亨」。是以「畜牝牛，吉」也。

以卦體釋卦辭。

《象》曰：明兩作，離；大人以繼明照于四方。

作，起也。

初九，履錯然，敬之，无咎。

錯，七各反。以剛居下而處初體，志欲上進，故有「履錯然」之象，「敬之」則「无咎」矣。戒占者宜如是也。

《象》曰：「履錯」之「敬」，以辟咎也。

辟，避同。

六二，黄離，元吉。

黄，中色。柔麗乎中而得其正，故其象占如此。

《象》曰：「黄離，元吉」，得中道也。

九三，日昃之離，不鼓缶而歌，則大耋之嗟，凶。

耋，田節反。重離之閒，前明將盡，故有「日昃」之象。不安常以自樂，則不能自處而凶矣。戒占者宜如是也。

《象》曰：「日昃之離」，何可久也！

九四，突如其來如，焚如，死如，棄如。

突，如忽反。後明將繼之時，而九四以剛迫之，故其象如此。

《象》曰：「突如其來如」，无所容也。

「无所容」，言「焚」、「死」、「棄」也。

六五，出涕沱若，戚嗟若，吉。

沱，徒何反。以陰居尊，柔麗乎中，然不得其正而迫於上下之陽，故憂懼如此，然後得吉。戒占者宜如是也。

《象》曰：六五之「吉」，離王公也。

離，音麗。

上九，王用出征，有嘉，折首，獲匪其醜，无咎。

剛明及遠，威震而刑不濫，「无咎」之道也，故其象占如此。

《象》曰：「王用出征」，以正邦也。

周易卷之二

周易下經

䷞(艮下兑上)咸：亨，利貞；取女吉。

取，七具反。咸，交感也。兑柔在上，艮剛在下，而交相感應。又艮止則感之專，兑説則應之至。又艮以少男下於兑之少女，男先於女，得男女之正，婚姻之時，故其卦爲咸。其占亨而利貞，取女則吉，蓋感有必通之理。然不以貞，則失其亨，而所爲皆凶矣。

《彖》曰：咸，感也。

釋卦名義。

柔上而剛下，二氣感應以相與。止而説，男下女，是以「亨，利貞，取女吉」也。

説，音悦。「男下」之「下」，遐嫁反。以卦體、卦德、卦象釋卦辭，或以卦變言柔上剛下之義，曰《咸》自《旅》來，柔上居六，剛下居五也。亦通。

天地感而萬物化生，聖人感人心而天下和平。觀其所感。而天地萬物之情可見矣！

極言感通之理。

《象》曰：山上有澤，咸；君子以虛受人。

山上有澤，以虛而通也。

初六，咸其拇。

拇，茂后反。拇，足大指也。咸以人身取象，感於最下，咸拇之象也。感之尚淺，欲進未能，故不言吉凶。此卦雖主於感，然六爻皆宜靜而不宜動也。

《象》曰：「咸其拇」，志在外也。

六二，咸其腓，凶；居吉。

腓，房非反。腓，足肚也。欲行則先自動，躁妄而不能固守者也。二當其處，又以陰柔不能固守，故取其象。然有中正之德，能居其所，故其占動凶而靜吉也。

《象》曰：雖「凶，居吉」，順不害也。

九三，咸其股，執其隨，往吝。

股，隨足而動，不能自專者也。執者，主當持守之意。下二爻皆欲動者，三亦不能自守而隨之，往則吝矣，故其象占如此。

《象》曰：「咸其股」，亦不處也；志在「隨」人，所「執」下也。

言「亦」者，因前二爻皆欲動而云也。二爻陰躁，其動也宜。九三陽剛，居止之極，宜静而動，可吝之甚也。

九四，貞吉，悔亡；憧憧往來，朋從爾思。

憧，昌容反，又音同。九四居股之上，脢之下，又當三陽之中，心之象，咸之主也。心之感物，當正而固，乃得其理。今九四乃以陽居陰，爲失其正而不能固，故因占設戒，以爲能正而固，則「吉」而「悔亡」。若「憧憧往來」，不能正固而累於私感，則但其朋類從之，不復能及遠矣。

《象》曰：「貞吉，悔亡」，未感害也；「憧憧往來」，未光大也。

感害，言不正而感，則有害也。

九五，咸其脢，无悔。

脢，武杯反，又音每。脢，背肉，在心上而相背，不能感物而无私係。九五適當其處，故取其象，而戒占者以能如是，則雖不能感物，而亦可以「无悔」也。

《象》曰：「咸其脢」，志末也。

志末，謂不能感物。

上六，咸其輔頰舌。

頰，古協反。輔頰舌，皆所以言者，而在身之上。上六以陰居説之終，處咸之極。感人以言而无其實。又兑爲口舌，故其象如此，凶咎可知。

《象》曰：「咸其輔頰舌」，滕口説也。

滕、騰通用。

䷟（巽下震上）恒：亨，无咎，利貞，利有攸往。

恒，常久也。爲卦震剛在上，巽柔在下。震雷巽風二物相與，巽順震動，爲巽而動。二體六爻，陰陽相應，四者皆理之常，故爲恒。其占爲能久於其道，則亨而无咎。然又必利於守貞，則乃爲得所常久之道，而利有所往也。

《象》曰：恒，久也。剛上而柔下，雷風相與，巽而動，剛柔皆應，恒。

以卦體、卦象、卦德釋卦名義。或以卦變言剛上柔下之義，曰《恒》自《豐》來，剛上居二，柔下居初也。亦通。

「恒：亨，无咎，利貞」，久於其道也。天地之道，恒久而不已也。

恒，固能亨，且无咎矣。然必利於正，乃爲久於其道，不正則久非其道矣。天地之道，所以長久，亦以正而已矣。

「利有攸往」，終則有始也。

「久於其道」，終也；「利有攸往」，始也。動静相生，循環之理，然必静爲主也。

日月得天而能久照，四時變化而能久成。聖人久於其道，而天下化成：觀其所恒，而天地萬物之情可見矣！

極言恒久之道。

《象》曰：雷風，恒；君子以立不易方。

初六，浚恒，貞凶，无攸利。

初與四爲正應，理之常也。然初居下而在初，未可以深有所求。四震體而陽性，上而不下，又爲二三所隔，應初之意，異乎常矣。初之柔暗，不能度勢，又以陰居巽下，爲巽之主，其性務入，故深以常理求之，「浚恒」之象也。占者如此，則雖「貞」亦「凶」，而无所利矣。

《象》曰：「浚恒」之「凶」，始求深也。

九二，悔亡。

以陽居陰，本當有悔，以其久中，故得亡也。

《象》曰：九二「悔亡」，能久中也。

九三，不恒其德，或承之羞；貞吝。

位雖得正，然過剛不中，志從於上，不能久於其所，故爲「不恒其德，或承之羞」之象。「或」者，不知其何人之辭。承，奉也。言人皆得奉而進之，不知其所自來也。「貞吝」者，正而不恒，爲可羞吝，申戒占者之辭。

《象》曰：「不恒其德」，无所容也。

九四，田无禽。

以陽居陰，久非其位，故爲此象。占者田无所獲，而凡事亦不得其所求也。

《象》曰：久非其位，安得禽也？

六五，恒其德，貞；婦人吉，夫子凶。

以柔中而應剛中，常久不易，正而固矣。然乃婦人之道，非夫子之宜也。故其象占如此。

《象》曰：「婦人」貞吉，從一而終也；「夫子」制義，從婦凶也。

上六，振恒，凶。

振者，動之速也。上六居恒之極，處震之終。恒極則不常，震終則過動。又陰柔不能固守，居上非其所安，故有「振恒」之象，而其占則凶也。

《象》曰：「振恒」在上，大无功也。

䷠（艮下乾上）遯：亨，小利貞。

遯，徒困反。遯，退避也。爲卦二陰浸長，陽當退避，故爲遯。六月之卦也。陽雖當遯，然九五當位，而下有六二之應，若猶可以有爲。但二陰浸長於下，則其勢不可以不遯。故其占爲君子能遯，則身雖退而道亨，小人則利於守正，不可以浸長之故，而遂侵迫於陽也。小，謂陰柔小人也。此卦之占，與《否》之初二兩爻相類。

《彖》曰：「遯，亨」，遯而亨也。剛當位而應，與時行也。

以九五一爻釋「亨」義。

「小利貞」，浸而長也。

長，丁丈反。以下二陰釋「小利貞」。

遯之時義大矣哉！

陰方浸長，處之爲難，故其時義爲尤大也。

《象》曰：天下有山，遯；君子以遠小人，不惡而嚴。

遠，袁萬反。天體无窮，山高有限，遯之象也。嚴者，君子自守之常，而小人自不能近。

初六，遯尾，厲，勿用有攸往。

遯而在後，尾之象，危之道也。占者不可以有所往，但晦處静俟，可免災耳。

《象》曰：「遯尾」之「厲」，不往，何災也？

六二，執之用黄牛之革，莫之勝説。

勝，音升。説，吐活反。以中順自守，人莫能解，必遯之志也。占者固守，亦當如是。

《象》曰：「執用黄牛」，固志也。

九三，係遯，有疾厲；畜臣妾，吉。

畜，許六反。下比二陰，當遯而有所係之象，有疾而危之道也。然以「畜臣妾」則吉，蓋君子之於小人，惟臣妾則不必其賢而可畜耳，故其占如此。

《象》曰：「係遯」之「厲」，有疾憊也；「畜臣妾，吉」，不可大事也。

憊，音敗。

九四，好遯，君子吉，小人否。

好，呼報反。否，方有反。下應初六，而乾體剛健，有所好而能絶之以遯之象也。唯自克之君子能之，而小人不能，故占者君子則吉，而小人否也。

《象》曰：「君子」「好遯」，「小人否」也。

九五，嘉遯，貞吉。

剛陽中正，下應六二，亦柔順而中正，遯之嘉美者也。占者如是，而正則吉矣。

《象》曰：「嘉遯，貞吉」，以正志也。

上九，肥遯，无不利。

以剛陽居卦外，下无係應，遯之遠而處之裕者也，故其象占如此。肥者，寬裕自得之意。

《象》曰：「肥遯，无不利」，无所疑也。

䷡（乾下震上）大壯：利貞。

大，謂陽也。四陽盛長，故爲大壯，二月之卦也。陽壯，則占者吉亨不假言，但利在正固而已。

《彖》曰：「大壯」，大者壯也；剛以動，故壯。

釋卦名義。以卦體言則陽長過中，大者壯也；以卦德言，則乾剛震動，所以壯也。

「大壯，利貞」，大者正也。正大而天地之情可見矣。

釋「利貞」之義，而極言之。

《象》曰：雷在天上，大壯；君子以非禮弗履。

自勝者强。

初九，壯于趾，征凶；有孚。

趾在下而進，動之物也。剛陽處下而當壯時，壯于進者也，故有此象。居下而壯于進，其凶必矣。故其占又如此。

《象》曰：「壯于趾」，其孚窮也。

言必困窮。

九二，貞吉。

以陽居陰，已不得其正矣，然所處得中，則猶可因以不失其正，故戒占者使因中以求正，然後可以得吉也。

《象》曰：九二「貞吉」，以中也。

九三，小人用壯，君子用罔；貞厲，羝羊觸藩，羸其角。

羝，音低。羸，力追反。過剛不中，當壯之時，是小人用壯，而君子則用罔也。罔，无也。視有如无，君子之過於勇者也，如此則雖正亦危矣。羝羊，剛壯喜觸之物。藩，籬也。羸，困也。「貞厲」之占，其象如此。

《象》曰：「小人用壯」，「君子」「罔」也。

小人以壯敗，君子以罔困。

九四，貞吉，悔亡；藩决不羸，壯于大輿之輹。

輹，音福。「貞吉，悔亡」，與《咸》九四同占。「藩决不羸」，承上文而言也。决，開也。三前有四，猶有藩焉。四前二陰，則藩决矣。「壯于大輿之輹」，亦可進之象也。以陽居陰，不極其剛，故其象如此。

《象》曰：「藩决不羸」，尚往也。

尚，上通。

六五，喪羊于易，无悔。

喪，息浪反。《象》同。易，以豉反，一音亦。《旅》卦同。卦體似兑，有羊象焉。

外柔而内剛者也。獨六五以柔居中，不能抵觸。雖失其壯，然亦无所悔矣。故其象如此，而占亦與《咸》九五同。易，「容易」之易。言忽然不覺其亡也；或作「疆埸」之場，亦通。《漢·食貨志》場作易。

《象》曰：「喪羊于易」，位不當也。

上六，羝羊觸藩，不能退，不能遂，无攸利；艱則吉。

壯終動極，故「觸藩」而「不能退」。然其質本柔，故又「不能遂」其進也。其象如此，其占可知。然猶幸其不剛，故能艱以處，則尚可以得吉也。

《象》曰：「不能退，不能遂」，不詳也；「艱則吉」，咎不長也。

䷢（坤下離上）晉：康侯用錫馬蕃庶，晝日三接。

晉，進也。康侯，安國之侯也。「錫馬蕃庶，晝日三接」，言多受大賜，而顯被親禮也。蓋其爲卦上離下坤，有日出地上之象。順而麗乎大明之德，又其變自《觀》而來，爲六四之柔進而上行以至於五，占者有是三者，則亦當有是寵也。

《彖》曰：「晉」，進也。

釋卦名義。

明出地上，順而麗乎大明。柔進而上行，是以「康侯用錫馬蕃庶，晝日三接」也。

「上行」之「上」，時掌反。以卦象、卦德、卦變釋卦辭。

《象》曰：明出地上，晉；君子以自昭明德。

昭，明之也。

初六，晉如摧如，貞吉；罔孚，裕无咎。

以陰居下，應不中正，有欲進見摧之象。占者如是，而能守正則吉。設不爲人所信，亦當處以寬裕，則无咎也。

《象》曰：「晉如摧如」，獨行正也；「裕无咎」，未受命也。

初居下位，未有官守之命。

六二，晉如愁如，貞吉，受兹介福，于其王母。

六二中正，上无應援，故欲進而愁。占者如是，而能守正則吉，而受福于王母也。王母，指六五。蓋享先妣之吉占，而凡以陰居尊者，皆其類也。

《象》曰：「受兹介福」，以中正也。

六三，衆允，悔亡。

三不中正，宜有悔者，以其與下二陰皆欲上進，是以爲衆所信而悔亡也。

《象》曰：「衆允」之志，上行也。

九四，晉如鼫鼠，貞厲。

鼫，音石。不中不正，以竊高位，貪而畏人，蓋危道也，故爲鼫鼠之象。占者如是，雖正亦危。

《象》曰：「鼫鼠」「貞厲」，位不當也。

六五，悔亡，失得勿恤；往吉，无不利。

以陰居陽，宜有悔矣。以大明在上而下皆順從。故占者得之，則其「悔亡」。又一切去其計功謀利之心，則「往吉」而「无不利」也。然亦必有其德，乃應其占耳。

《象》曰：「失得勿恤」，往有慶也。

上九，晉其角，維用伐邑，厲吉无咎，貞吝。

角，剛而居上，上九剛進之極，有其象矣。占者得之，而以伐其私邑，則雖危而吉且无咎。然以極剛治小邑，雖得其正，亦可吝矣。

《象》曰：「維用伐邑」，道未光也。

䷣（離下坤上）明夷：利艱貞。

夷，傷也。爲卦下離上坤，日入地中，明而見傷之象，故爲明夷。又其上六爲暗之主，六五近之，故占者利於艱難以守正，而自晦其明也。

《象》曰：明入地中，「明夷」。

以卦象釋卦名。

內文明而外柔順，以蒙大難，文王以之。

難，去聲，下同。以卦德釋卦義。「蒙大難」，謂遭紂之亂而見囚也。

「利艱貞」，晦其明也；內難而能正其志，箕子以之。

以六五一爻之義釋卦辭。內難，謂爲紂近親，在其國內，如六五之近於上六也。

《象》曰：明入地中，明夷；君子以莅衆，用晦而明。

初九，明夷于飛，垂其翼；君子于行，三日不食。有攸往，主人有言。

飛而垂翼，見傷之象。占者行而不食，所如不合，時義當然，不得而避也。

《象》曰：「君子于行」，義不食也。

唯義所在，不食可也。

六二，明夷；夷于左股，用拯馬壯，吉。

拯，之陵反。《渙》初爻同。傷而未切，救之速則免矣。故其象占如此。

《象》曰：六二之「吉」，順以則也。

九三，明夷于南狩，得其大首；不可疾貞。

以剛居剛，又在明體之上，而屈於至暗之下，正與上六闇主爲應，故有向明除害，得其首惡之象。然不可以亟也，故有「不可疾貞」之戒。成湯起於夏臺，文王興於羑里，正合此爻之義。而小事亦有然者。

《象》曰：「南狩」之志，乃大得也。

六四，入于左腹，獲明夷之心，于出門庭。

此爻之義未詳。竊疑「左腹」者，幽隱之處；「獲明夷之心，于出門庭」者，得意於遠去之義。言筮而得此者，其自處當如是也。蓋離體爲至明之德，坤體爲至闇之地。下三爻明在闇外，故隨其遠近高下而處之不同。六四以柔正居闇地而尚淺，故猶可以得意於遠去。五以柔中居闇地而已迫，故爲内難正志以晦其明之象。上則極乎闇矣，故爲自傷其明以至於闇，而又足以傷人之明，蓋下五爻皆爲君子，獨上一爻爲闇君也。

《象》曰：「入于左腹」，獲心意也。

意，叶音臆。

六五，箕子之明夷，利貞。

居至闇之地，近至闇之君，而能正其志，箕子之象也，貞之至也。「利貞」，以戒占者。

《象》曰：「箕子」之「貞」，明不可息也。

上六，不明晦；初登于天，後入于地。

以陰居坤之極，不明其德以至於晦，始則處高位以傷人之明，終必至於自傷而墜厥命，故其象如此。而占亦在其中矣。

《象》曰：「初登于天」，照四國也；「後入于地」，失則也。

照四國，以位言。

䷤（離下巽上）家人：利女貞。

家人者，一家之人。卦之九五、六二，外内各得其正，故爲「家人」。「利女貞」者，欲先正乎内也，内正則外无不正矣。

《彖》曰：家人，女正位乎内，男正位乎外；男女正，天地之大義也。

以卦體九五、六二釋「利女貞」之義。

家人有嚴君焉，父母之謂也。

亦謂二、五。

父父，子子，兄兄，弟弟，夫夫，婦婦，而家道正；正家而天下定矣。

上父，初子；五三夫，四二婦；五兄，三弟。以卦畫推之，又有此象。

《象》曰：風自火出，家人；君子以言有物而行有恒。

行，下孟反。身修則家治矣。

初九，閑有家，悔亡。

初九以剛陽處有家之始，能防閑之，其「悔亡」矣。戒占者當如是也。

《象》曰：「閑有家」，志未變也。

志未變而豫防之。

六二，无攸遂，在中饋，貞吉。

六二柔順中正，女之正位乎内者也，故其象占如此。

《象》曰：六二之「吉」，順以巽也。

九三，家人嗃嗃，悔厲吉；婦子嘻嘻，終吝。

嗃，呼落反；嘻，喜悲反，《象》同。以剛居剛而不中，過乎剛者也，故有「嗃嗃」

嚴厲之象。如是，則雖有「悔厲」而吉也。「嘻嘻」者，「嗃嗃」之反，吝之道也。占者各以其德爲應，故兩言之。

《象》曰：「家人嗃嗃」，未失也；「婦子嘻嘻」，失家節也。

六四，富家，大吉。

陽主義，陰主利，以陰居陰而在上位，能富其家者也。

《象》曰：「富家，大吉」，順在位也。

九五，王假有家，勿恤，吉。

假，更白反。假，至也，如「假于太廟」之假。有家，猶言有國也。九五剛健中正，下應六二之柔順中正，王者以是至于其家，則勿用憂恤而吉可必矣。蓋聘納后妃之吉占，而凡有是德者遇之，皆吉也。

《象》曰：「王假有家」，交相愛也。

程子曰：「夫愛其内助，婦愛其刑家。」

上九，有孚，威如，終吉。

上九以剛居上，在卦之終，故言正家久遠之道。占者必有誠信嚴威，則終吉也。

《象》曰：「威如」之「吉」，反身之謂也。

謂非作威也，反身自治，則人畏服之矣。

䷥（兑下離上）睽：小事吉。

睽，苦圭反。睽，乖異也。爲卦上火下澤，性相違異。中女少女，志不同歸，故爲睽。然以卦德言之，内説而外明。以卦變言之，則自《離》來者，柔進居三；自《中孚》來者，柔進居五；自《家人》來者，兼之。以卦體言之，則六五得中而下應九二之剛，是以其占不可大事，而小事尚有吉之道也。

《彖》曰：睽，火動而上，澤動而下，二女同居，其志不同行。

上、下俱上聲，下同。以卦象釋卦名義。

説而麗乎明，柔進而上行，得中而應乎剛，是以小事吉。

説，音悦。以卦德、卦變、卦體釋卦辭。

天地睽而其事同也，男女睽而其志通也，萬物睽而其事類也：睽之時用大矣哉！

極言其理而贊之。

《象》曰：上火下澤，睽；君子以同而異。

二卦合體而性不同。

初九，悔亡；喪馬勿逐，自復；見惡人，无咎。

喪，去聲。上无正應，有悔也。而居睽之時，同德相應，其悔亡矣。故有「喪馬勿逐」而「自復」之象。然亦必「見惡人」，然後可以辟咎，如孔子之於陽貨也。

《象》曰：「見惡人」，以辟咎也。

辟，音避。

九二，遇主于巷，无咎。

二五陰陽正應，居睽之時，乖戾不合，必委曲相求而得會遇，乃爲「无咎」，故其象占如此。

《象》曰：「遇主于巷」，未失道也。

本其正應，非有邪也。

六三，見輿曳，其牛掣；其人天且劓。无初有終。

曳，以制反。掣，昌逝反。劓，魚器反。六三上九正應，而三居二陽之間，後爲二所曳，前爲四所掣，而當睽之時。上九猜狠方深，故又有髡劓之傷。然邪不勝正，終必得合，故其象占如此。

《象》曰：「見輿曳」，位不當也，「无初有終」，遇剛也。

九四，睽孤；遇元夫，交孚，厲无咎。

夫，如字。睽孤，謂无應。遇元夫，謂得初九。交孚，謂同德相信。然當睽時，故必危厲，乃得无咎，占者亦如是也。

《象》曰：「交孚」「无咎」，志行也。

六五，悔亡，厥宗噬膚，往何咎？

噬，市制反。以陰居陽，悔也。居中得應，故能亡之。厥宗，指九二。噬膚，言易合。六五有柔中之德，故其象占如是。

《象》曰：「厥宗噬膚」，往有慶也。

上九，睽孤，見豕負塗，載鬼一車，先張之弧，後説之弧；匪寇婚媾，往遇雨則吉。

弧，音胡。説，吐活反。媾，古豆反。睽孤，謂六三爲二陽所制，而己以剛處明極睽極之地，又自猜狠而乖離也。見豕負塗，見其汙也。載鬼一車，以无爲有也。張弧，欲射之也。説弧，疑稍釋也。匪寇婚媾，知其非寇而實親也。往遇雨則吉，疑盡釋而睽合也。上九之與六三，先睽後合，故其象占如此。

《象》曰：「遇雨」之「吉」，羣疑亡也。

䷦（艮下坎上）蹇：利西南，不利東北；利見大人，貞吉。

蹇，紀免反。蹇，難也。足不能進，行之難也。爲卦艮下坎上，見險而止，故爲蹇。西南平易，東北險阻。又艮，方也。方在蹇中，不宜走險。又卦自《小過》而來，陽進則往居五而得中，退則入於艮而不進，故其占曰「利西南，不利東北」。當蹇之時，必見大人，然後可以濟難。又必守正，然後得吉。而卦之九五，剛健中正，有大人之象。自二以上，五爻皆得正位，則又貞之義也。故其占又曰「利見大人，貞吉」。蓋見險者貴於能止，而又不可終於止；處險者利於進，而不可失其正也。

《彖》曰：「蹇」，難也，險在前也；見險而能止，知矣哉！

難，乃旦反。知，音智。以卦德釋卦名義，而贊其美。

「蹇，利西南」，往得中也；「不利東北」，其道窮也。「利見大人」，往有功也；當位「貞吉」，以正邦也。蹇之時用大矣哉！

以卦變、卦體釋卦辭，而贊其時用之大也。

《象》曰：山上有水，蹇；君子以反身修德。

初六，往蹇，來譽。

往遇險，來得譽。

以卦變釋卦辭。坤爲衆，得衆謂九四入坤體；得中有功，皆指九二。

天地解而雷雨作，雷雨作而百果草木皆甲坼；解之時大矣哉！

極言而贊其大也。

《象》曰：雷雨作，解；君子以赦過宥罪。

初六，无咎。

難既解矣。以柔在下，上有正應，何咎之有？故其占如此。

《象》曰：剛柔之際，義「无咎」也。

九二，田獲三狐，得黄矢；貞吉。

此爻取象之意未詳。或曰：卦凡四陰，除六五君位，餘三陰，即三狐之象也。大抵此爻爲卜田之吉占，亦爲去邪媚而得中直之象，能守其正，則无不吉矣。

《象》曰：九二「貞吉」，得中道也。

六三，負且乘，致寇至；貞吝。

乘，如字，又石證反。《繫辭》備矣。貞吝，言雖以正得之，亦可羞也。唯避而去之爲可免耳。

《象》曰：「負且乘」，亦可醜也；自我致戎，又誰咎也？

戎，古本作寇。

九四，解而拇，朋至斯孚。

解，佳買反。《象》同。拇，茂后反。拇，指初。初與四皆不得其位而相應，應之不以正者也。然四陽初陰，其類不同，若能解而去之，則君子之朋至而相信也。

《象》曰：「解而拇」，未當位也。

六五，君子維有解，吉，有孚于小人。

解，音蟹。《象》同。卦凡四陰，而六五當君位，與三陰同類者，必解而去之則吉也。孚，驗也。君子有解，以小人之退爲驗也。

《象》曰：「君子」「有解」，小人退也。

上六，公用射隼于高墉之上，獲之，无不利。

射，食亦反。隼，荀尹反。《繫辭》備矣。

《象》曰：「公用射隼」，以解悖也。

解，佳買反。

䷨（兑下艮上）損：有孚，元吉，无咎，可貞，利有攸往。

損，減省也。爲卦損下卦上畫之陽，益上卦上畫之陰。損兑澤之深，益艮山之高，損下益上，損内益外，剥民奉君之象，所以爲損也。損所當損，而有孚信，則其占當有此下四者之應矣。

曷之用？二簋可用享。

簋，音軌。言當損時，則至薄无害。

《彖》曰：損，損下益上，其道上行。

「上行」之「上」，時掌反。以卦體釋卦名義。

損而「有孚，元吉，无咎，可貞，利有攸往。曷之用？二簋可用享」。二簋應有時，損剛益柔有時，損益盈虛，與時偕行。

此釋卦辭。時，謂當損之時。

《象》曰：山下有澤，損；君子以懲忿窒欲。

懲，直升反。君子修身所當損者，莫切於此。

初九，已事遄往，无咎；酌損之。

已，音以。遄，市專反，四爻同。初九當損下益上之時，上應六四之陰，輟所爲之事，而速往以益之，无咎之道也。故其象占如此。然居下而益上，亦當斟酌其淺深也。

《象》曰：「已事遄往」，尚合志也。

尚、上通。

九二，利貞，征凶；弗損益之。

九二剛中，志在自守，不肯妄進。故占者利貞，而征則凶也。弗損益之，言不變其所守，乃所以益上也。

《象》曰：九二「利貞」，中以爲志也。

六三，三人行，則損一人；一人行，則得其友。

下卦本乾，而損上爻以益坤，「三人行」而「損一人」也。一陽上而一陰下，「一人行」而「得其友」也。兩相與則專，三則雜而亂。卦有此象，故戒占者當致一也。

《象》曰：「一人行」，三則疑也。

六四，損其疾，使遄有喜，无咎。

以初九之陽剛益己，而損其陰柔之疾，唯速則善。戒占者如是則无咎矣。

《象》曰：「損其疾」，亦可喜也。

六五，或益之十朋之龜，弗克違，元吉。

柔順虚中，以居尊位，當損之時，受天下之益者也。兩龜爲朋，十朋之龜，大寶也。或以此益之而不能辭，其吉可知。占者有是德，則獲其應也。

《象》曰：六五「元吉」，自上祐也。

上九，弗損益之，无咎。貞吉，利有攸往，得臣无家。

上九當損下益上之時，居卦之上，受益之極，而欲自損以益人也。然居上而益下，有所謂惠而不費者，不待損己，然後可以益人也，能如是則「无咎」。然亦必以正則吉，而利有所往，惠而不費，其惠廣矣，故又曰「得臣无家」。

《象》曰：「弗損益之」，大得志也。

䷩（震下巽上）益：利有攸往，利涉大川。

益，增益也。爲卦損上卦初畫之陽，益下卦初畫之陰，自上卦而下於下卦之下，故爲益。卦之九五、六二，皆得中正。下震上巽，皆木之象，故其占利有所往而「利涉大川」也。

《彖》曰：「益」，損上益下，民説无疆；自上下下，其道大光。

「上下」之「下」，去聲。以卦體釋卦名義。

「利有攸往」，中正有慶；「利涉大川」，木道乃行。

以卦體、卦象釋卦辭。

益動而巽，日進无疆；天施地生，其益无方。凡益之道，與時偕行。

施，始豉反。動巽二卦之德，乾下施，坤上生，亦上文卦體之義。又以此極言贊益之大。

《象》曰：風雷，益；君子以見善則遷，有過則改。

風雷之勢，交相助益。遷善改過，益之大者，而其相益，亦猶是也。

初九，利用爲大作，元吉，无咎。

初雖居下，然當益下之時，受上之益者也，不可徒然无所報效，故「利用爲大作」，必「元吉」，然後得「无咎」。

《象》曰：「元吉，无咎」，下不厚事也。

下本不當任厚事，故不如是，不足以塞咎也。

六二，或益之十朋之龜，弗克違。永貞吉；王用享于帝，吉。

六二當益下之時，虛中處下，故其象占與損六五同。然爻位皆陰，故以「永貞」爲戒，以其居下而受上之益，故又爲卜郊之吉占。

《象》曰：「或益之」，自外來也。

「或」者，衆无定主之辭。

六三，益之用凶事，无咎；有孚中行，告公用圭。

六三陰柔不中不正，不當得益者也。然當益下之時，居下之上，故有益之以凶事者，蓋警戒震動，乃所以益之也。占者如此，然後可以「无咎」。又戒以「有孚中行」，而「告公用圭」也。「用圭」，所以通信。

《象》曰：益用凶事，固有之也。

益用凶事，欲其困心衡慮而固有之也。

六四，中行告公從，利用爲依遷國。

三四皆不得中，故皆以中行爲戒。此言以益下爲心，而合於中行，則告公而見從矣。《傳》曰：周之東遷，晋、鄭焉依。蓋古者遷國以益下，必有所依，然後能立。此爻又爲遷國之吉占也。

《象》曰：「告公從」，以益志也。

九五，有孚惠心，勿問元吉。有孚惠我德。

上有信以惠於下，則下亦有信以惠於上矣。不問而「元吉」可知。

《象》曰：「有孚惠心」，「勿問」之矣；「惠我德」，大得志也。

上九，莫益之，或擊之，立心勿恒，凶。

以陽居益之極，求益不已。故「莫益」而「或擊之」，「立心勿恒」，戒之也。

《象》曰：「莫益之」，偏辭也；「或擊之」，自外來也。

「莫益之」者，猶從其求益之偏辭而言也。若究而言之，則又有「擊之」者矣。

䷪（乾下兑上）夬：揚于王庭，孚號有厲；告自邑，不利即戎，利有攸往。

夬，古快反；號，户羔反，卦内並同。夬，決也；陽決陰也，三月之卦也。以五陽去一陰，決之而已。然其決之也，必正名其罪，而盡誠以呼號其衆，相與合力。然亦尚有危厲，不可安肆。又當先治其私，而不可專尚威武，則利有所往也。皆戒之之辭。

《彖》曰：「夬」，決也，剛決柔也；健而説，決而和。

説，音悦。釋卦名義而贊其德。

「揚于王庭」，柔乘五剛也；「孚號有厲」，其危乃光也；「告自邑，不利即戎」，所尚乃窮也；「利有攸往」，剛長乃終也。

長，丁丈反。此釋卦辭。「柔乘五剛」，以卦體言，謂以一小人加於衆君子之上，是其罪也。「剛長乃終」，謂一變則爲純乾也。

《象》曰：澤上於天，夬；君子以施禄及下，居德則忌。

上，時掌反。施，始豉反。「澤上於天」，潰決之勢也。「施禄及下」，潰決之意也。「居德則忌」，未詳。

初九，壯于前趾，往不勝爲咎。

前，猶進也。當決之時，居下任壯，不勝宜矣。故其象占如此。

《象》曰：「不勝」而「往」，咎也。

九二，惕號，莫夜有戎，勿恤。

莫，音暮。九二當決之時，剛而居柔，又得中道，故能憂惕號呼以自戒備，而「莫夜有戎」，亦可无患也。

《象》曰：「有戎」「勿恤」，得中道也。

九三，壯于頄，有凶。君子夬夬，獨行遇雨，若濡有愠，无咎。

頄，求龜反。頄，顴也。九三當決之時，以剛而過乎中，是欲決小人，而剛壯見于面目也，如是則有凶道矣。然在衆陽之中，獨與上六爲應，若能果決，其決不係私愛，則雖合於上六，如「獨行遇雨」，至於若濡而爲君子所慍。然終必能決，去小人而无所咎也。温嶠之於王敦，其事類此。

《象》曰：「君子夬夬」，終无咎也。

九四，臀无膚，其行次且；牽羊悔亡，聞言不信。

臀，徒敦反；次，七私反；且，七余反，《姤》卦同。以陽居陰，不中不正，居則不安，行則不進，若不與衆陽競進，而安出其後，則可以亡其悔。然當決之時，志在上進，必不能也。占者聞言而信，則轉凶而吉矣。「牽羊」者，當其前則不進，縱之使前而隨其後，則可以行矣。

《象》曰：「其行次且」，位不當也；「聞言不信」，聰不明也。

九五，莧陸夬夬，中行无咎。

莧，閑辨反。莧陸，今馬齒莧，感陰氣之多者。九五當決之時，爲決之主，而切近上六之陰，如「莧陸」然。若決而決之，而又不爲過暴，合於「中行」，則「无咎」矣。戒占者當如是也。

《象》曰：「中行无咎」，中未光也。

程《傳》備矣。《傳》曰：「卦辭言『夬夬』，則於『中行』爲『无咎』矣。《象》復盡其義云：『中未光也。』夫人心正意誠，乃能極中正之道，而充實光輝。五心有所比，以義之不可而決之，雖行於外，不失中正之義，可以『无咎』。然於中道未得爲光大也。蓋人心一有所欲，則離道矣。夫子於此，示人之意深矣。」

上六，无號，終有凶。

陰柔小人，居窮極之時，黨類已盡，无所號呼，終必有凶也。占者有君子之德，則其敵當之，不然反是。

《象》曰：「无號」之「凶」，終不可長也。

䷫（巽下乾上）姤：女壯，勿用取女。

姤，古后反。取，七喻反。姤，遇也。決盡則爲純乾，四月之卦。至《姤》然後一陰可見，而爲五月之卦。以其本非所望，而卒然值之，如不期而遇者，故爲遇。遇已非正，又一陰而遇五陽，則女德不貞而壯之甚也。取以自配，必害乎陽，故其象占如此。

《彖》曰：姤，遇也，柔遇剛也。

釋卦名。

「勿用取女」，不可與長也。
釋卦辭。

天地相遇，品物咸章也；
以卦體言。

剛遇中正，天下大行也。
指九五。

姤之時義大矣哉！
幾微之際，聖人所謹。

《象》曰：天下有風，姤；后以施命誥四方。

初六，繫于金柅，貞吉；有攸往，見凶，羸豕孚蹢躅。

柅，乃李反，又女紀反。柅，所以止車，以金爲之，其剛可知。一陰始生，静正則吉，往進則凶，故以二義戒小人，使不害於君子，則有吉而无凶。然其勢不可止也，故以「羸豕」「蹢躅」曉君子，使深爲之備云。

《象》曰：「繫于金柅」，柔道牽也。
牽，進也。以其進，故止之。

九二，包有魚，无咎；不利賓。

魚，陰物。二與初遇，爲包有魚之象。然制之在己，故猶可以「无咎」。若不制而使遇於衆，則其爲害廣矣。故其象占如此。

《象》曰：「包有魚」，義不及賓也。

九三，臀无膚，其行次且；厲，无大咎。

九三過剛不中，下不遇於初，上无應於上，居則不安，行則不進，故其象占如此。然既无所遇，則无陰邪之傷。故雖危厲，而「无大咎」也。

《象》曰：「其行次且」，行未牽也。

九四，包无魚，起凶。

初六正應，已遇於二而不及於己，故其象占如此。

《象》曰：「无魚」之「凶」，遠民也。

遠，袁萬反。民之去己，猶己遠之。

九五，以杞包瓜；含章，有隕自天。

瓜，陰物之在下者，甘美而善潰。杞，高大堅實之木也。五以陽剛中正，主卦於上，而下防始生必潰之陰，其象如此。然陰陽迭勝，時運之常，若能含晦章美，靜以制之，則可以回造化矣。「有隕自天」，本无而倏有之象也。

《象》曰：九五「含章」，中正也；「有隕自天」，志不舍命也。

舍，音捨。

上九，姤其角；吝，无咎。

角，剛乎上者也。上九以剛居上而无位，不得其遇，故其象占與九三類。

《象》曰：「姤其角」，上窮吝也。

䷬（坤下兑上）萃：亨，王假有廟，利見大人，亨，利貞；用大牲吉，利有攸往。

假，更白反。萃，聚也。坤順兑説，九五剛中而二應之。又爲澤上於地，萬物萃聚之象，故爲萃。「亨」字衍文。「王假有廟」，言王者可以至于宗廟之中，王者卜祭之吉占也。《祭義》曰「公假于太廟」是也。廟所以聚祖考之精神。又人必能聚己之精神，則可以至于廟而承祖考也。物既聚，則必見大人而後可以得亨。然又必利於正，所聚不正，則亦不能亨也。大牲必聚而後有，聚則可以有所往，皆占吉而有戒之辭。

《彖》曰：「萃」，聚也。順以説，剛中而應，故聚也。

説，音悦。以卦德、卦體釋卦名義。

「王假有廟」，致孝享也；「利見大人，亨」，聚以正也；「用大牲吉，利有攸往」，順天命也。

釋卦辭。

觀其所聚，而天地萬物之情可見矣。

極言其理而贊之。

《象》曰：澤上於地，萃；君子以除戎器，戒不虞。

上，時掌反。「除」者，修而聚之之謂。

初六，有孚不終，乃亂乃萃；若號，一握爲笑，勿恤，往无咎。

號，平聲。初六上應九四，而隔於二陰，當萃之時，不能自守，是「有孚」而「不終」，志亂而妄聚也。若呼號正應，則衆以「爲笑」，但「勿恤」而往從正應，則「无咎」矣。戒占者當如是也。

《象》曰：「乃亂乃萃」，其志亂也。

六二，引吉，无咎；孚乃利用禴。

禴，羊略反。二應五而雜於二陰之間，必牽引以萃，乃「吉」而「无咎」。又二中正柔順，虚中以上應。九五剛健中正，誠實而下交，故卜祭者有其孚誠，則雖薄物，亦可以祭矣。

《象》曰：「引吉，无咎」，中未變也。

六三，萃如嗟如，无攸利；往无咎，小吝。

六三陰柔不中不正，上无應與，欲求萃於近而不得，故「嗟如」而无所利。唯往從於上，可以「无咎」。然不得其萃，困然後往，復得陰極无位之爻，亦可小羞矣。戒占者當近捨不正之强援，而遠結正應之窮交，則无咎矣。

《象》曰：「往无咎」，上巽也。

九四，大吉，无咎。

上比九五，下比衆陰，得其萃矣。然以陽居陰不正，故戒占者必大吉，然後得「无咎」也。

《象》曰：「大吉，无咎」，位不當也。

九五，萃有位，无咎；匪孚，元永貞，悔亡。

九五剛陽中正，當萃之時而居尊，固「无咎」矣。若有未信，則亦修其「元永貞」之德，而「悔亡」矣。戒占者當如是也。

《象》曰：「萃有位」，志未光也。

未光，謂「匪孚」。

上六，齎咨涕洟，无咎。

齎，音咨，又將啼反。洟，音夷，《象》同。處萃之終，陰柔无位，求萃不得，故戒占者必如是，而後可以「无咎」也。

《象》曰：「齎咨涕洟」，未安上也。

䷭（巽下坤上）升：元亨，用見大人，勿恤。南征吉。

升，進而上也。卦自《解》來，柔上居四，内巽外順，九二剛中而五應之，是以其占如此。「南征」，前進也。

《象》曰：柔以時升。

以卦變釋卦名。

巽而順，剛中而應，是以大亨。

以卦德、卦體釋卦辭。

「用見大人，勿恤」，有慶也；「南征吉」，志行也。

《象》曰：地中生木，升；君子以順德，積小以高大。

王肅本「順」作「慎」。今按他書引此，亦多作「慎」，意尤明白，蓋古字通用也。說見上篇《蒙》卦。

初六，允升，大吉。

初以柔順居下，巽之主也。當升之時，巽於二陽，占者如之，則信能「升」而「大吉」矣。

《象》曰：「允升，大吉」，上合志也。

九二，孚乃利用禴，无咎。

義見《萃》卦。

《象》曰：九二之「孚」，有喜也。

九三，升虛邑。

陽實陰虛，而坤有國邑之象。九三以陽剛當升時，而進臨於坤，故其象占如此。

《象》曰：「升虛邑」，无所疑也。

六四，王用亨于岐山，吉，无咎。

義見《隨》卦。

《象》曰：「王用亨于岐山」，順事也。

以順而升，登祭于山之象。

六五，貞吉，升階。

以陰居陽，當升而居尊位，必能正固，則可以得吉而升階矣。階，升之易者。

《象》曰：「貞吉，升階」，大得志也。

上六，冥升，利于不息之貞。

以陰居升極，昏冥不已者也。占者遇此，无適而利，但可反其不已於外之心，施之於不息之正而已。

《象》曰：「冥升」在上，消不富也。

䷮（坎下兑上）困：亨；貞，大人吉，无咎；有言不信。

困者，窮而不能自振之義，坎剛爲兑柔所揜。九二爲二陰所揜，四五爲上六所揜，所以爲困。坎險兑説，處險而説，是身雖困而道則亨也。二五剛中，又有大人之象，占者處困能亨，則得其正矣。非大人其孰能之？故曰貞。又曰「大人」者，明不正之小人不能當也。「有言不信」，又戒以當務晦默，不可尚口，益取困窮。

《象》曰：困，剛揜也。

以卦體釋卦名。

險以説，困而不失其所「亨」，其唯君子乎？「貞，大人吉」，以剛中也；「有言不信，」尚口乃窮也。

説，音悦。以卦德、卦體釋卦辭。

《象》曰：澤无水，困；君子以致命遂志。

水下漏，則澤上枯，故曰：「澤无水。」致命，猶言授命，言持以與人而不之有也。能如是，則雖困而亨矣。

初六，臀困于株木，入于幽谷，三歲不覿。

臀，物之底也。困于株木，傷而不能安也。初六以陰柔處困之底，居暗之甚，故其象占如此。

《象》曰：「入于幽谷」，幽不明也。

九二，困于酒食，朱紱方來，利用亨祀；征凶，无咎。

紱，音弗。亨，讀作享。困于酒食，厭飫苦惱之意。酒食，人之所欲，然醉飽過宜，則是反爲所困矣。朱紱方來，上應之也。九二有剛中之德，以處困時，雖无凶害，而反困於得其所欲之多，故其象如此，而其占利以享祀，若征行則非其時，故凶，而於義爲「无咎」也。

《象》曰：「困于酒食」，中有慶也。

六三，困于石，據于蒺藜，入于其宫，不見其妻，凶。

陰柔而不中正，故有此象，而其占則凶。石，指四；蒺藜，指二；宫，謂三，而妻則六也。其義則《繫辭》備矣。

《象》曰：「據于蒺藜」，乘剛也；「入于其宫，不見其妻」，不祥也。

九四，來徐徐，困于金車，吝，有終。

初六，九四之正應。九四處位不當，不能濟物，而初六方困於下，又爲九二所隔，故其象如此。然邪不勝正，故其占雖爲可吝，而必有終也。金車，爲九二，象未詳。疑坎有輪象也。

《象》曰：「來徐徐」，志在下也；雖不當位，有與也。

九五，劓刖，困于赤紱，乃徐有説，利用祭祀。

劓，音見《睽》。刖，音月。説，音悦。劓刖者，傷於上下，上下既傷，則「赤紱」无所用而反爲困矣。九五當困之時，上爲陰揜，下則乘剛，故有此象。然剛中而説體，故能遲久而有説也。占具象中，又「利用祭祀」，久當獲福。

《象》曰：「劓刖」，志未得也。「乃徐有説」，以中直也。「利用祭祀」，受福也。

上六，困于葛藟，于臲卼，曰動悔；有悔，征吉。

藟，力軌反。臲，五結反。卼，五骨反。以陰柔處困極，故有「困于葛藟，于臲卼，曰動悔」之象。然物窮則變，故其占曰，若能有悔，則可以征而吉矣。

《象》曰：「困于葛藟」，未當也；「動悔，有悔」，吉行也。

䷯（巽下坎上）井：改邑不改井，无喪无得，往來井井；汔至，亦未繘井，羸其瓶，凶。

喪，息浪反。汔，許訖反。繘，音橘。羸，律裴反。井者，穴地出水之處。以巽木入乎坎水之下，而上出其水，故爲井。改邑不改井，故「无喪无得」，而往者來者，皆井其井也。汔，幾也。繘，綆也。羸，敗也。汲井幾至，未盡綆而敗其瓶，則凶也。其占爲事仍舊无得喪，而又當敬勉，不可幾成而敗也。

《象》曰：巽乎水而上水，井；井養而不窮也。

上，時掌反。以卦象釋卦名義。

「改邑不改井」，乃以剛中也。「汔至，亦未繘井」，未有功也。「羸其瓶」，是以凶也。

以卦體釋卦辭。「无喪无得，往來井井」，兩句意與「不改井」同，故不復出。剛中，以二五而言。「未有功」而敗其瓶，所以凶也。

《象》曰：木上有水，井；君子以勞民勸相。

上，如字，又時掌反。勞，力報反。相，息亮反。木上有水，津潤上行，井之象也。勞民者，以君養民。勸相者，使民相養，皆取「井養」之義。

初六，井泥不食，舊井无禽。

泥，乃計反。井以陽剛爲泉，上出爲功。初六以陰居下，故爲此象。蓋井不泉而泥，則人所不食，而禽鳥亦莫之顧也。

《象》曰：「井泥不食」，下也。「舊井无禽」，時舍也。

舍，音捨。言爲時所棄。

九二，井谷射鮒，甕敝漏。

谷，餘六反，音育。射，石亦反。鮒，音附。九二剛中，有泉之象。然上无正應，下比初六，功不上行，故其象如此。

《象》曰：「井谷射鮒」，无與也。

九三，井渫不食，爲我心惻；可用汲，王明並受其福。

渫，息列反。渫，不停污也。井渫不食而使人「心惻」，「可用汲」矣。王明，則汲井以及物，而施者受者，並受其福也。九三以陽居陽，在下之上，而未爲時用，故其象占如此。

《象》曰：「井渫不食」，行惻也。求「王明」，受福也。

行惻者，行道之人皆以爲惻也。

六四，井甃，无咎。

甃，側救反。以六居四，雖得其正，然陰柔不泉，則但能脩治而无及物之功，故其象爲「井甃」，而占則「无咎」。占者能自脩治，則雖无及物之功，而亦可以「无咎」矣。

《象》曰：「井甃无咎」，脩井也。

九五，井洌，寒泉食。

洌，音列。洌，潔也。陽剛中正，功及於物，故爲此象。占者有其德，則契其象也。

《象》曰：「寒泉」之「食」，中正也。

上六，井收勿幕，有孚元吉。

收，詩救反，又如字。幕，音莫。收，汲取也。晁氏云：收，鹿盧收繘者也。亦通。幕，蔽覆也。有孚，謂其出有源而不窮也。井以上出爲功，而坎口不揜。故上六雖非陽剛，而其象如此。然占者應之，必「有孚」乃「元吉」也。

《象》曰：「元吉」在上，大成也。

䷰（離下兑上）革：巳日乃孚，元亨，利貞，悔亡。

革，變革也。兑澤在上，離火在下，火然則水乾，水决則火滅。中少二女，合爲一卦，而少上中下，志不相得，故其卦爲革也。變革之初，人未之信，故必巳日而後信。又以其内有文明之德，而外有和説之氣，故其占爲有所更革，皆大亨而得其正，所革皆當，而所革之悔亡也。一有不正，則所革不信不通而反有悔矣。

《彖》曰：革，水火相息；二女同居，其志不相得，曰革。

以卦象釋卦名義。大略與《睽》相似，然以相違而爲《睽》，相息而爲《革》也。息，滅息也，又爲生息之義。滅息而後生息也。

「巳日乃孚」，革而信之；文明以説，大「亨」以正，革而當，其「悔」乃「亡」。

説，音悦。當，去聲。以卦德釋卦辭。

天地革而四時成。湯武革命，順乎天而應乎人。革之時大矣哉！

極言而贊其大也。

《象》曰：澤中有火，革；君子以治歷明時。

治，平聲。四時之變，革之大者。

初九，鞏用黄牛之革。

鞏，九勇反。雖當革時，居初无應，未可有爲，故爲此象。鞏，固也。黄，中色。牛，順物。革，所以固物，亦取卦名而義不同也。其占爲當堅確固守，而不可以有爲，聖人之於變革，其謹如此。

《象》曰：「鞏用黄牛」，不可以有爲也。

六二，巳日乃革之，征吉，无咎。

六二柔順，中正而爲文明之主，有應於上，於是可以革矣。然必「巳日」，然後「革之」，則「征吉」而「无咎」。戒占者猶未可遽變也。

《象》曰：「巳日」「革之」，行有嘉也。

九三，征凶，貞厲；革言三就，有孚。

過剛不中，居離之極，躁動於革者也。故其占有征凶貞厲之戒，然其時則當革，故至於「革言三就」，則亦「有孚」而可革也。

《象》曰：「革言三就」，又何之矣！

言已審。

九四，悔亡，有孚，改命吉。

以陽居陰，故有悔。然卦已過中，水火之際，乃革之時，而剛柔不偏，又革之用也，是以「悔亡」。然又必「有孚」，然後革乃可獲「吉」。明占者有其德而當其時，又必有信，乃「悔亡」而得「吉」也。

《象》曰：「改命」之「吉」，信志也。

九五，大人虎變，未占有孚。

虎，大人之象。變，謂希革而毛毨也。在大人則自新新民之極，順天應人之時也。九五以陽剛中正爲革之主，故有此象。占而得此，則有此應。然亦必自其未占之時，人已信其如此，乃足以當之耳。

《象》曰：「大人虎變」，其文炳也。

上六，君子豹變，小人革面；征凶，居貞吉。

革道已成，君子如豹之變，小人亦革面以聽從矣。不可以往，而居正則吉。變革之事，非得已者，不可以過，而上六之才，亦不可以有行也，故占者如之。

《象》曰：「君子豹變」，其文蔚也；「小人革面」，順以從君也。

蔚，紆胃反。

䷱（巽下離上）鼎：元吉，亨。

鼎，烹飪之器。爲卦下陰爲足，二三四陽爲腹，五陰爲耳，上陽爲鉉，有鼎之象。又以巽木入離火而致烹飪，鼎之用也，故其卦爲鼎。下巽，巽也。上離爲目，而五爲耳，有内巽順而外聰明之象。卦自《巽》來，陰進居五，而下應九二之陽，故其占曰「元亨」。吉，衍文也。

《彖》曰：鼎，象也。以木巽火，亨飪也。聖人亨以享上帝，而大亨以養聖賢。

亨，普庚反。飪，入甚反。以卦體二象釋卦名義，因極其大而言之：享帝貴誠，用犢而已；養賢則饔飧牢禮當極其盛，故曰「大亨」。

巽而耳目聰明，柔進而上行，得中而應乎剛，是以元亨。

上，時掌反。以卦象、卦變、卦體釋卦辭。

《象》曰：木上有火，鼎；君子以正位凝命。

鼎，重器也，故有「正位凝命」之意。凝，猶「至道不凝」之凝。《傳》所謂「協于上下，以承天休」者也。

初六，鼎顛趾，利出否；得妾以其子，无咎。

出，尺遂反，又如字。否，音鄙。居鼎之下，鼎趾之象也。上應九四則顛矣，然當卦初，鼎未有實而舊有否惡之積焉。因其顛而出之，則爲利矣。得妾而因得其子，亦猶是也。此爻之象如此，而其占「无咎」。蓋因敗以爲功，因賤以致貴也。

《象》曰：「鼎顛趾」，未悖也；「利出否」，以從貴也。

「鼎」而「顛趾」，「悖」道也。而因可出否以從貴，則未爲悖也。從貴，謂應四，亦爲取新之意。

九二，鼎有實；我仇有疾，不我能即，吉。

仇，音求。以剛居中，鼎有實之象也。我仇，謂初陰陽相求而非正，則相陷於惡而爲仇矣。二能以剛中自守，則初雖近，不能以就之，是以其象如此。而其占爲如是，則吉也。

《象》曰：「鼎有實」，慎所之也；「我仇有疾」，終无尤也。

有實而不慎其所往，則爲仇所即而陷於惡矣。

九三，鼎耳革，其行塞。雉膏不食；方雨虧悔，終吉。

行，下孟反。塞，悉則反。以陽居鼎腹之中，本有美實者也。然以過剛失中，越五應上，又居下之極，爲變革之時，故爲「鼎耳」方「革」，而不可舉移。雖承上卦文明之腴，有「雉膏」之美，而不得以爲人之食。然以陽居陽，爲得其正，苟能自守，則陰陽將和而失其悔矣。占者如是，則初雖不利而「終」得「吉」也。

《象》曰：「鼎耳革」，失其義也。

九四，鼎折足，覆公餗，其形渥，凶。

折，之舌反。覆，方服反。餗，送六反。渥，乙角反。晁氏曰：形渥，諸本作「刑剭」，謂重刑也。今從之。九四居上，任重者也，而下應初六之陰，則不勝其任矣。故其象如此，而其占凶也。

《象》曰：「覆公餗」，信如何也？

言失信也。

六五，鼎黄耳，金鉉，利貞。

鉉，玄典反。五於象爲耳，而有中德，故云「黄耳」。金，堅剛之物。鉉，貫耳以舉鼎者也。五虛中以應九二之堅剛，故其象如此。而其占則利在貞固而已。或曰，金鉉以上九而言，更詳之。

《象》曰：「鼎黄耳」，中以爲實也。

上九，鼎玉鉉，大吉，无不利。

上於象爲鉉，而以陽居陰，剛而能温，故有玉鉉之象。而其占爲「大吉，无不利」，蓋有是德，則如其占也。

《象》曰：「玉鉉」在上，剛柔節也。

䷲（震下震上）震：亨。震來虩虩，笑言啞啞；震驚百里，不喪匕鬯。

虩，許逆反。啞，烏客反。喪，息浪反。匕，必以反。鬯，敕亮反。震，動也。一陽始生於二陰之下，震而動也，其象爲雷，其屬爲長子，震有亨道。震來，當震之來時也。虩虩，恐懼驚顧之貌。震驚百里，以雷言匕，所以舉鼎實。鬯，以秬黍酒和鬱金，所以灌地降神者也。不喪匕鬯，以長子言也。此卦之占，爲能恐懼則致福，而不失其所主之重。

《彖》曰：震，「亨」。

《震》有亨道，不待言也。

「震來虩虩」，恐致福也；「笑言啞啞」，後有則也。

恐致福，恐懼以致福也。則，法也。

「震驚百里」，驚遠而懼邇也；出可以守宗廟社稷，以爲祭主也。

程子以爲「邇也」下，脱「不喪匕鬯」四字。今從之。出，謂繼世而主祭也。或云，出即鬯字之誤。

《象》曰：洊雷，震；君子以恐懼脩省。

洊，在薦反。省，悉井反。

初九，震來虩虩，後笑言啞啞，吉。

成《震》之主，處《震》之初，故其占如此。

《象》曰：「震來虩虩」，恐致福也；「笑言啞啞」，後有則也。

六二，震來厲，億喪貝，躋于九陵，勿逐，七日得。

躋，子西反。六二乘初九之剛，故當震之來而危厲也。億字未詳。又當喪其貨貝而升於九陵之上。然柔順中正，足以自守，故不求而自獲也。此爻占具象中。但「九陵」、「七日」之象，則未詳耳。

《象》曰：「震來厲」，乘剛也。

六三，震蘇蘇，震行无眚。

蘇蘇，緩散自失之狀，以陰居陽，當震時而居不正，是以如此。占者若因懼而能行以去其不正，則可以无眚矣。

《象》曰：「震蘇蘇」，位不當也。

九四，震遂泥。

泥，乃計反。以剛處柔，不中不正，陷於二陰之間，不能自震也。遂者，无反之意。泥，滯溺也。

《象》曰：「震遂泥」，未光也。

六五，震往來，厲；億无喪，有事。

喪，息浪反。以六居五而處震時，无時而不危也。以其得中，故无所喪而能有事也。占者不失其中，則雖危无喪矣。

《象》曰：「震往來厲」，危行也；其事在中，大无喪也。

上六，震索索，視矍矍，征凶。震不于其躬，于其鄰，无咎，婚媾有言。

索，桑落反。矍，俱縛反。以陰柔處震極，故爲「索索」、「矍矍」之象。以是而行，其凶必矣。然能及其震未及其身之時，恐懼脩省，則可以「无咎」，而亦不能免於「婚媾」之「有言」。戒占者當如是也。

《象》曰：「震索索」，中未得也；雖「凶」「无咎」，畏鄰戒也。

中，謂中心。

䷳（艮下艮上）艮其背，不獲其身；行其庭，不見其人，无咎。

艮，止也。一陽止於二陰之上，陽自下升，極上而止也。其象爲山，取坤地而隆其上之狀，亦止於極而不進之意也。其占則必能止於背，而不有其身，「行其庭」，而「不見其人」，乃「无咎」也。蓋身，動物也。唯背爲止。艮其背，則止於所當止也。止於所當止，則不隨身而動矣，是不有其身也。如是，則雖行於庭除有人之地，而亦不見其人矣。蓋「艮其背」而「不獲其身」者，止而止也。「行其庭」而「不見其人」者，行而止也。動静各止其所，而皆主夫静焉，所以得无咎也。

《彖》曰：艮，止也。時止則止，時行則行；動静不失其時，其道光明。

此釋卦名，艮之義則止也。然行止各有其時，故時止而止，止也；時行而行，亦止也。艮體篤實，故又有光明之義。《大畜》於艮，亦以輝光言之。

艮其止，止其所也。上下敵應，不相與也。是以「不獲其身，行其庭，不見其人，无咎」也。

此釋卦辭。易背爲止，以明背即止也。背者，止之所也。以卦體言，内外之卦，陰陽敵應而「不相與也」。不相與，則内不見己，外不見人，而「无咎」矣。晁氏云：艮其「止」，當依卦辭作「背」。

《象》曰：兼山，艮；君子以思不出其位。

初六，艮其趾，无咎，利永貞。

以陰柔居艮初，爲艮趾之象。占者如之，則「无咎」。而又以其陰柔，故又戒其「利永貞」也。

《象》曰：「艮其趾」，未失正也。

六二，艮其腓，不拯其隨，其心不快。

拯，之凌反。六二居中得正，既止其腓矣。三爲限，則腓所隨也。而過剛不中以止乎上，二雖中正而體柔弱，不能往而拯之，是以「其心不快」也。此爻占在象中，下爻放此。

《象》曰：「不拯其隨」，未退聽也。

三止乎上，亦不肯退而聽乎二也。

九三，艮其限，列其夤，厲薰心。

夤，引真反。限，身上下之際，即腰胯也。夤，膂也，止于腓，則不進而已。九三以過剛不中，當限之處，而「艮其限」，則不得屈伸而上下判隔，如「列其夤」矣。危厲薰心，不安之甚也。

《象》曰：「艮其限」，危「薰心」也。

六四，艮其身，无咎。

以陰居陰，時止而止，故爲「艮其身」之象，而占得「无咎」也。

《象》曰：「艮其身」，止諸躬也。

六五，艮其輔，言有序，悔亡。

六五當輔之處，故其象如此，而其占「悔亡」也。悔，謂以陰居陽。

《象》曰：「艮其輔」，以中正也。

「正」字羨文，叶韻可見。

上九，敦艮，吉。

以陽剛居止之極，敦厚於止者也。

《象》曰：「敦艮」之「吉」，以厚終也。

䷴（艮下巽上）漸：女歸吉，利貞。

漸，漸進也。爲卦止於下而巽於上，爲不遽進之義，有「女歸」之象焉。又自二至五，位皆得正，故其占爲「女歸吉」。而又戒以「利貞」也。

《彖》曰：漸之進也，「女歸吉」也。

「之」字疑衍，或是「漸」字。

進得位，往有功也；進以正，可以正邦也。

以卦變釋「利貞」之意。蓋此卦之變，自《涣》而來，九進居三，自《旅》而來，九進居五，皆爲得位之正。

其位，剛得中也；

以卦體言，謂九五。

止而巽，動不窮也。

以卦德言，漸進之義。

《象》曰：山上有木，漸；君子以居賢德善俗。

二者皆當以漸而進。疑「賢」字衍，或「善」下有脱字。

初六，鴻漸于干；小子厲，有言，无咎。

鴻之行有序，而進有漸。干，水涯也。始進於下，未得所安，而上復无應，故其象如此。而其占則爲「小子厲」，雖「有言」而於義則「无咎」也。

《象》曰：「小子」之「厲」，義「无咎」也。

六二，鴻漸于磐，飲食衎衎，吉。

衎，苦旦反。磐，大石也。漸遠於水，進於磐而益安矣。衎衎，和樂意。六二柔順中正，進以其漸，而上有九五之應，故其象如此，而占則吉也。

《象》曰：「飲食衎衎」，不素飽也。

「素飽」，如《詩》言「素餐」。得之以道，則不爲徒飽而處之安矣。

九三，鴻漸于陸，夫征不復，婦孕不育，凶；利禦寇。

復，房六反。鴻，水鳥，陸非所安也。九三過剛不中而无應，故其象如此。而其占「夫征」則「不復」，「婦孕」則「不育」，凶莫甚焉。然以其過剛也，故「利禦寇」。

《象》曰：「夫征不復」，離羣醜也；「婦孕不育」，失其道也；「利」用「禦寇」，順相保也。

離，力智反。

六四，鴻漸于木，或得其桷，无咎。

桷，音角。鴻不木棲，桷，平柯也，或得平柯，則可以安矣。六四乘剛而順巽，故其象如此，占者如之，則「无咎」也。

《象》曰：「或得其桷」，順以巽也。

九五，鴻漸于陵，婦三歲不孕；終莫之勝，吉。

陵，高阜也。九五居尊，六二正應在下，而爲三、四所隔，然終不能奪其正也。故其象如此，而占者如是，則「吉」也。

《象》曰：「終莫之勝，吉」，得所願也。

上九，鴻漸于陸，其羽可用爲儀，吉。

胡氏、程氏皆云，「陸」當作「逵」，謂雲路也。今以韻讀之，良是。儀，羽旄旌纛之飾也。上九至高，出乎人位之外，而其羽毛可用以爲儀飾，位雖極高，而不爲无用之象。故其占爲如是，則「吉」也。

《象》曰：「其羽可用爲儀，吉」，不可亂也。

漸進愈高而不爲无用，其志卓然，豈可得而亂哉！

䷵（兌下震上）歸妹：征凶，无攸利。

婦人謂嫁曰歸。妹，少女也。兌以少女而從震之長男，而其情又爲以説而動，皆非正也，故卦爲「歸妹」。而卦之諸爻，自二至五，皆不得正，三五又皆以柔乘剛，故其占「征凶」而无所利也。

《彖》曰：歸妹，天地之大義也。天地不交，而萬物不興；歸妹，人之終始也。

釋卦名義也。歸者，女之終；生育者，人之始。

說以動，所歸妹也；

說，音悦。又以卦德言之。

「征凶」，位不當也；「无攸利」，柔乘剛也。

又以卦體釋卦辭。男女之交，本皆正理。唯若此卦，則不得其正也。

《象》曰：澤上有雷，歸妹；君子以永終知敝。

雷動澤隨，「歸妹」之象。君子觀其合之不正，知其終之有敝也。推之事物，莫不皆然。

初九，歸妹以娣，跛能履，征吉。

娣，音弟。跛，波我反。初九居下而无正應，故爲「娣」象。然陽剛在女子爲賢正之德，但爲娣之賤，僅能承助其君而已，故又爲「跛能履」之象。而其占則「征吉」也。

《象》曰：「歸妹以娣」，以恒也；「跛能履」「吉」，相承也。

恒，謂有常久之德。

九二，眇能視，利幽人之貞。

眇能視，承上爻而言。九二陽剛得中，女之賢也。上有正應，而反陰柔不正，乃女賢而配不良，不能大成内助之功，故爲「眇能視」之象。而其占則「利幽人之貞」也。幽人，亦抱道守正而不偶者也。

《象》曰：「利幽人之貞」，未變常也。

六三，歸妹以須，反歸以娣。

六三陰柔而不中正，又爲説之主。女之不正，人莫之取者也。故爲未得所適，而「反歸」爲「娣」之象。或曰：須，女之賤者。

《象》曰：「歸妹以須」，未當也。

九四，歸妹愆期，遲歸有時。

九四以陽居上體而无正應，賢女不輕從人，而愆期以待所歸之象。正與六三相反。

《象》曰：「愆期」之志，有待而行也。

六五，帝乙歸妹，其君之袂，不如其娣之袂良；月幾望，吉。

袂，彌計反。六五柔中居尊，下應九二，尚德而不貴飾，故爲帝女下嫁而服不盛之象。然女德之盛，无以加此，故又爲「月幾望」之象。而占者如之則「吉」也。

《象》曰：「帝乙歸妹」，「不如其娣之袂良」也；其位在中，以貴行也。

以其有中德之貴而行，故不尚飾。

上六，女承筐，无實；士刲羊，无血。无攸利。

刲，苦圭反。上六以陰柔居《歸妹》之終而无應，約婚而不終者也。故其象如此，而於占爲无所利也。

《象》曰：上六「无實」，「承」虛「筐」也。

䷶（離下震上）豐：亨，王假之；勿憂，宜日中。

假，更白反。豐，大也。以明而動，盛大之勢也，故其占有「亨」道焉。然王者至此，盛極當衰，則又有「憂」道焉，聖人以爲徒憂无益，但能守常，不至於過盛則可矣。故戒以「勿憂」「宜日中」也。

《彖》曰：豐，大也；明以動，故豐。

以卦德釋卦名義。

「王假之」，尚大也；「勿憂，宜日中」，宜照天下也。

釋卦辭。

日中則昃，月盈則食；天地盈虚，與時消息，而況於人乎？况於鬼神乎？

此又發明卦辭外意，言不可過中也。

《象》曰：雷電皆至，豐；君子以折獄致刑。

折，之舌反。取其威照並行之象。

初九，遇其配主，雖旬无咎，往有尚。

配主，謂四。旬，均也，謂皆陽也。當豐之時，明動相資，故初九之遇九四，雖皆陽剛，而其占如此也。

《象》曰：「雖旬无咎」，過旬災也。

戒占者不可求勝其配，亦爻辭外意。

六二，豐其蔀，日中見斗，往得疑疾，有孚發若，吉。

蔀，音部。六二居豐之時，爲離之主，至明者也。而上應六五之柔暗，故爲豐蔀「見斗」之象。蔀，障蔽也。大其障蔽，故日中而昏也。往而從之，則昏暗之主，必反見疑，唯在積其誠意以感發之則吉。戒占者宜如是也。虚中，「有孚」之象。

《象》曰：「有孚發若」，信以發志也。

九三，豐其沛，日中見沫；折其右肱，无咎。

沫、昧同莫佩反。折，食列反。沛，一作旆，謂旛幔也，其蔽甚於蔀矣。沫，小星也。三處明極而應上六，雖不可用，而非咎也，故其象占如此。

《象》曰：「豐其沛」，不可大事也；「折其右肱」，終不可用也。

九四，豐其蔀，日中見斗，遇其夷主，吉。

象與六二同。夷，等夷也，謂初九也。其占爲當豐而遇暗主，下就同德則吉也。

《象》曰：「豐其蔀」，位不當也；「日中見斗」，幽不明也；「遇其夷主」，吉行也。

六五，來章，有慶譽，吉。

質雖柔暗，若能來致天下之明，則「有慶譽」而「吉」矣。蓋因其柔暗而設此以開之。占者能如是，則如其占矣。

《象》曰：六五之「吉」，有慶也。

上六，豐其屋，蔀其家，闚其户，闃其无人，三歲不覿，凶。

闃，古鶪反。以陰柔居豐極，處動終，明極而反暗者也，故爲「豐」大「其屋」而反以自蔽之象。「无人」、「不覿」，亦言障蔽之深，其凶甚矣。

《象》曰：「豐其屋」，天際翔也；「闚其户，闃其无人」，自藏也。

藏，謂障蔽。

䷷（艮下離上）旅：小亨，旅貞吉。

旅，羇旅也。山止於下，火炎於上，爲去其所止而不處之象，故爲旅。以六五得中於外，而順乎上下之二陽。艮止而離麗於明，故其占可以小亨。而能守其旅之貞則吉。旅非常居，若可苟者，然道无不在。故自有其正，不可須臾離也。

《彖》曰：「旅，小亨」，柔得中乎外而順乎剛，止而麗乎明，是以「小亨，旅貞吉」也。

以卦體、卦德釋卦辭。

旅之時義大矣哉！

旅之時爲難處。

《象》曰：山上有火，旅；君子以明慎用刑而不留獄。

慎刑如山，不留如火。

初六，旅瑣瑣，斯其所取災。

當旅之時，以陰柔居下位，故其象占如此。

《象》曰：「旅瑣瑣」，志窮災也。

六二，旅即次，懷其資，得童僕貞。

「即次」則安，懷資則裕，得其「童僕」之貞信，則无欺而有賴，旅之最吉者也。二有柔順中正之德，故其象占如此。

《象》曰：「得童僕，貞」，終无尤也。

九三，旅焚其次，喪其童僕，貞厲。

喪，息浪反。《象》同。過剛不中，居下之上，故其象占如此。「喪其童僕」，則不止於失其心矣。故「貞」字連下句爲義。

《象》曰：「旅焚其次」，亦以傷矣；以旅與下，其義「喪」也。

以旅之時，而與下之道如此，義當喪也。

九四，旅于處，得其資斧，我心不快。

以陽居陰，處上之下。用柔能下，故其象占如此。然非其正位，又上无剛陽之與，下唯陰柔之應，故其心有所不快也。

《象》曰：「旅于處」，未得位也。「得其資斧」，「心」未快也。

六五，射雉，一矢亡；終以譽命。

射，石亦反。雉，文明之物，離之象也。六五柔順文明，又得中道，爲離之主，故得此爻者，爲「射雉」之象。雖不无亡矢之費，而所喪不多，「終有譽命」也。

《象》曰：「終以譽命」，上逮也。

上逮，言其「譽命」聞於上也。

上九，鳥焚其巢，旅人先笑後號咷；喪牛于易，凶。

喪、易，並去聲。上九過剛，處《旅》之上，離之極，驕而不順，凶之道也，故其象占如此。

《象》曰：以旅在上，其義「焚」也；「喪牛于易」，終莫之聞也。

☴（巽下巽上）巽：小亨，利有攸往，利見大人。

巽，入也。一陰伏於二陽之下，其性能巽以入也。其象爲風，亦取入義。陰爲主，故其占爲「小亨」。以陰從陽，故又利有所往。然必知所從，乃得其正，故又曰「利見大人」也。

《彖》曰：重巽以申命。

釋卦義也。巽順而入，必究乎下，命令之象。重巽，故爲「申命」也。

剛巽乎中正而志行，柔皆順乎剛，是以「小亨，利有攸往，利見大人」。

以卦體釋卦辭。「剛巽乎中正而志行」，指九五。柔謂初四。

《象》曰：隨風，巽；君子以申命行事。

隨，相繼之義。

初六，進退，利武人之貞。

初以陰居下，爲巽之主。卑巽之過，故爲「進退」不果之象。若以「武人之貞」處之，則有以濟其所不及，而得所宜矣。

《象》曰：「進退」，志疑也；「利武人之貞」，志治也。

九二，巽在牀下，用史、巫紛若，吉，无咎。

二以陽處陰而居下，有不安之意，然當巽之時，不厭其卑，而二又居中，不至已甚，故其占爲能過於巽，而丁寧煩悉其辭以自道達，則可以「吉」而「无咎」，亦竭誠意以祭祀之吉占也。

《象》曰：「紛若」之「吉」，得中也。

九三，頻巽，吝。

過剛不中，居下之上，非能巽者，勉爲屢失，「吝」之道也，故其象占如此。

《象》曰：「頻巽」之「吝」，志窮也。

六四，悔亡，田獲三品。

陰柔无應，承乘皆剛，宜有悔也。而以陰居陰，處上之下，故得「悔亡」。而又爲卜田之吉占也。「三品」者，一爲乾豆，一爲賓客，一爲充庖。

《象》曰：「田獲三品」，有功也。

九五，貞吉，悔亡，无不利。无初有終。先庚三日，後庚三日，吉。

先，西薦反。後，胡豆反。九五剛健中正，而居巽體，故有悔。以有貞而吉也，故得亡其悔而「无不利」。有悔，是无初也。亡之，是有終也。庚，更也，事之變也。先庚三日，丁也。後庚三日，癸也。丁，所以丁寧於其變之前。癸，所以揆度於其變之後。有所變更而得此占者，如是則吉也。

《象》曰：九五之「吉」，位正中也。

上九，巽在牀下，喪其資斧，貞凶。

喪，息浪反。下同。巽在牀下，過於巽者也。喪其資斧，失所以斷也。如是，則雖貞亦凶矣。居巽之極，失其陽剛之德，故其象占如此。

《象》曰：「巽在牀下」，上窮也；「喪其資斧」，正乎「凶」也。

正乎凶，言必凶。

䷹（兌下兌上）兌：亨，利貞。

兌，説也，一陰進乎二陽之上，喜之見乎外也。其象爲澤，取其説萬物，又取坎水而塞其下流之象。卦體剛中而柔外。剛中故説而亨，柔外故利於貞。蓋説有亨道，而其妄説不可以不戒，故其占如此。又柔外故爲説亨，剛中故利於貞，亦一義也。

《彖》曰：兌，説也。

説，音悦。下同。釋卦名義。

剛中而柔外，説以利貞，是以順乎天而應乎人。説以先民，民忘其勞；説以犯難，民忘其死；説之大，民勸矣哉！

先，西薦反，又如字。難，乃旦反。以卦體釋卦辭，而極言之。

《象》曰：麗澤，兌；君子以朋友講習。

兩澤相麗，互相滋益，朋友講習，其象如此。

初九，和兑，吉。

以陽爻居説體而處最下，又无係應，故其象占如此。

《象》曰：「和兑」之「吉」，行未疑也。

居卦之初，其説也正，未有所疑也。

九二，孚兑，吉，悔亡。

剛中爲「孚」，居陰爲「悔」。占者以孚而説，則「吉」而「悔亡」矣。

《象》曰：「孚兑」之「吉」，信志也。

六三，來兑，凶。

陰柔不中正，爲兑之主。上无所應，而反來就二陽以求説，凶之道也。

《象》曰：「來兑」之「凶」，位不當也。

九四，商兑未寧，介疾有喜。

四上承九五之中正，而下比六三之柔邪，故不能決而商度，所説未能有定。然質本陽剛，故能介然守正，而疾惡柔邪也。如此則有喜矣。象占如此，爲戒深矣。

《象》曰：九四之「喜」，有慶也。

九五，孚于剥，有厲。

剥，謂陰能剥陽者也。九五陽剛中正，然當説之時，而居尊位，密近上六。上六陰柔，爲説之主，處説之極，能妄説以剥陽者也。故其占但戒以信于上六，則有危也。

《象》曰：「孚于剥」，位正當也。

與《履》九五同。

上六，引兑。

上六成説之主，以陰居説之極，引下二陽相與爲説，而不能必其從也。故九五當戒，而此爻不言其吉凶。

《象》曰：上六「引兑」，未光也。

䷺（坎下巽上）涣：亨，王假有廟，利涉大川，利貞。

涣，呼亂反。假，庚白反。涣，散也。爲卦下坎上巽，風行水上，離披解散之象，故爲涣。其變則本自《漸》卦，九來居二而得中，六往居三得九之位，而上同於四，故其占可亨。又以祖考之精神既散，故王者當至於廟以聚之。又以巽木坎水，舟楫之象，故「利涉大川」。其曰「利貞」，則占者之深戒也。

《象》曰：「涣，亨」，剛來而不窮，柔得位乎外而上同。

上，如字，又時掌反。以卦變釋卦辭。

「王假有廟」，王乃在中也。

中，謂廟中。

「利涉大川」，乘木有功也。

《象》曰：風行水上，涣；先王以享于帝立廟。

皆所以合其散。

初六，用拯，馬壯，吉。

居卦之初，涣之始也。始涣而拯之，爲力既易，又有壯馬，其吉可知。初六非有濟涣之才，但能順乎九二，故其象占如此。

《象》曰：初六之「吉」，順也。

九二，涣奔其机，悔亡。

机，音几。九而居二，宜有悔也。然當涣之時，來而不窮，能亡其悔者也，故其象占如此，蓋九「奔」而二「机」也。

《象》曰：「涣奔其机」，得願也。

六三，涣其躬，无悔。

陰柔而不中正，有私於己之象也。然居得陽位，志在濟時，能散其私以得「无悔」，故其占如此。大率此上四爻，皆因涣以濟涣者也。

《象》曰：「涣其躬」，志在外也。

六四，涣其羣，元吉；涣有丘，匪夷所思。

居陰得正，上承九五，當濟涣之任者也。下无應與，爲能散其朋黨之象，占者如是，則大善而吉。又言能散其小羣以成大羣，使所散者聚而若丘，則非常人思慮之所及也。

《象》曰：「涣其羣，元吉」，光大也。

九五，涣汗其大號，涣王居，无咎。

陽剛中正，以居尊位。當涣之時，能散其號令，與其居積，則可以濟涣而「无咎」矣。故其象占如此。九五巽體，有號令之象。汗，謂如汗之出而不反也。涣王居，如陸贄所謂散小儲而成大儲之意。

《象》曰：「王居」「无咎」，正位也。

上九，涣其血去逖出，无咎。

去，起吕反。上九以陽居涣極，能出乎涣，故其象占如此。血，謂傷害。逖，當作惕，與《小畜》六四同。言「涣其血」則「去」，涣其惕則出也。

《象》曰：「涣其血」，遠害也。

遠，袁萬反。

䷻（兑下坎上）節：亨；苦節，不可貞。

節，有限而止也。爲卦下兑上坎，澤上有水，其容有限，故爲「節」。節固自有亨道矣。又其體陰陽各半，而二五皆陽，故其占得「亨」。然至於太甚則苦矣，故又戒以不可守以爲貞也。

《彖》曰：「節，亨」，剛柔分而剛得中。

以卦體釋卦辭。

「苦節，不可貞」，其道窮也。

又以理言。

説以行險，當位以節，中正以通。

説，音悦。又以卦德、卦體言之。當位中正，指五。又坎爲通。

天地節而四時成；節以制度，不傷財，不害民。

極言節道。

《象》曰：澤上有水，節；君子以制數度，議德行。

行，下孟反。

初九，不出户庭，无咎。

户庭，户外之庭也。陽剛得正，居節之初，未可以行，能節而止者也，故其象占如此。

《象》曰：「不出户庭」，知通塞也。

塞，悉則反。

九二，不出門庭，凶。

門庭，門内之庭也。九二當可行之時，而失剛不正，上无應與，知節而不知通，故其象占如此。

《象》曰：「不出門庭，凶」，失時極也。

六三，不節若，則嗟若，无咎。

陰柔而不中正，以當節時，非能節者，故其象占如此。

《象》曰：「不節」之「嗟」，又誰「咎」也！

此「无咎」與諸爻異，言无所歸咎也。

六四，安節，亨。

柔順得正，上承九五，自然有節者也，故其象占如此。

《象》曰：「安節」之「亨」，承上道也。

九五，甘節，吉，往有尚。

所謂當位以節，中正以通者也，故其象占如此。

《象》曰：「甘節」之「吉」，居位中也。

上六，苦節，貞凶，悔亡。

居節之極，故爲「苦節」。既處過極，故雖得正而不免於凶。然禮奢寧儉，故雖有悔，而終得亡之也。

《象》曰：「苦節，貞凶」，其道窮也。

䷼（兑下巽上）中孚：豚魚吉，利涉大川，利貞。

孚，信也。爲卦二陰在内，四陽在外，而二五之陽，皆得其中，以一卦言之爲中虚，以二體言之爲中實，皆孚信之象也。又下説以應上，上巽以順下，亦爲孚義。豚魚，无知之物。又木在澤上，外實内虚，皆舟楫之象。至信可感，「豚魚」涉險難，而不可以失其貞，故占者能致「豚魚」之應，則吉而「利涉大川」，又必利於貞也。

《彖》曰：「中孚」，柔在内而剛得中；説而巽，孚乃化邦也。

説，音悦。以卦體、卦德釋卦名義。

「豚魚吉」，信及豚魚也；「利涉大川」，乘木舟虚也。

以卦象言。

中孚以「利貞」，乃應乎天也。

信而正，則應乎天矣。

《象》曰：澤上有風，中孚；君子以議獄緩死。

風感水受，中孚之象。「議獄緩死」，中孚之意。

初九，虞吉，有他不燕。

他，湯何反。當中孚之初，上應六四，能度其可信而信之則吉。復有他焉，則失其所以度之之正，而不得其所安矣，戒占者之辭也。

《象》曰：初九「虞吉」，志未變也。

九二，鳴鶴在陰，其子和之；我有好爵，吾與爾靡之。

和，胡卧反。靡，亡池反。九二中孚之實，而九五亦以中孚之實應之，故有「鶴鳴」「子和」、「我」「爵」「爾靡」之象。鶴在陰，謂九居二。好爵，謂得中。靡與縻同。言懿德人之所好，故好爵雖我之所獨有，而彼亦係戀之也。

《象》曰：「其子和之」，中心願也。

六三，得敵，或鼓或罷，或泣或歌。

敵，謂上九，信之窮者。六三陰柔不中正，以居説極而與之爲應，故不能自主，而其象如此。

《象》曰：「或鼓或罷」，位不當也。

六四，月幾望，馬匹亡，无咎。

幾，音機。望，无方反。六四居陰得正，位近於君，爲「月幾望」之象。馬匹，謂初與己爲匹，四乃絶之，而上以信於五，故爲「馬匹亡」之象。占者如是，則「无咎」也。

《象》曰：「馬匹亡」，絶類上也。

上，上聲。

九五，有孚攣如，无咎。

攣，力圓反。九五剛健中正，中孚之實，而居尊位，爲孚之主者也。下應九二，與之同德，故其象占如此。

《象》曰：「有孚攣如」，位正當也。

上九，翰音登于天，貞凶。

居信之極而不知變，雖得其貞，亦凶道也。故其象占如此。鷄曰翰音，乃巽之象。居巽之極，爲登于天。鷄非登天之物，而欲登天，信非所信而不知變，亦猶是也。

《象》曰：「翰音登于天」，何可長也！

䷽（艮下震上）小過：亨，利貞；可小事，不可大事；飛鳥遺之音，不宜上，宜下，大吉。

小，謂陰也。爲卦四陰在外，二陽在内，陰多於陽，小者過也。既過於陽，可以「亨」矣。然必利於守貞，則又不可以不戒也。卦之二五，皆以柔而得中，故「可小事」。三四皆以剛失位而不中，故「不可大事」。卦體内實外虛，如鳥之飛，其聲下而不上，故能致「飛鳥遺音」之應，則「宜下」而「大吉」，亦不可大事之類也。

《彖》曰：小過，小者過而亨也。

以卦體釋卦名義與其辭。

過以「利貞」，與時行也。柔得中，是以「小事吉」也。

以二五言。

剛失位而不中，是以「不可大事」也。

以三四言。

有「飛鳥」之象焉，「飛鳥遺之音，不宜上，宜下，大吉」，上逆而下順也。

以卦體言。

《象》曰：山上有雷，小過；君子以行過乎恭，喪過乎哀，用過乎儉。

山上有雷，其聲小過，三者之過，皆小者之過，可過於小而不可過於大，可以小過而不可甚過。《彖》所謂「可小事」而「宜下」者也。

初六，飛鳥以凶。

初六陰柔，上應九四，又居過時，上而不下者也。飛鳥遺音，不宜上，宜下。故其象占如此。郭璞《洞林》，占得此者，或致羽蟲之孽。

《象》曰：「飛鳥以凶」，不可如何也。

六二，過其祖，遇其妣；不及其君，遇其臣，无咎。

六二柔順中正，進則過三四而遇六五，是過陽而反遇陰也。如此，則不及六五而自得其分，是「不及君」而適「遇其臣」也。皆過而不過，守正得中之意，「无咎」之道也，故其象占如此。

《象》曰：「不及其君」，臣不可過也。

所以不及君而還遇臣者，以臣不可過故也。

九三，弗過防之，從或戕之，凶。

戕，在良反。小過之時，事每當過然後得中，九三以剛居正，衆陰所欲害者也。而自恃其剛，不肯過爲之備，故其象占如此。若占者能過防之，則可以免矣。

《象》曰：「從或戕之」，凶如何也！

九四，无咎，弗過遇之；往厲必戒，勿用永貞。

當過之時，以剛處柔，過乎恭矣，「无咎」之道也。「弗過遇之」，言弗過於剛而適合其宜也，往則過矣，故有厲而當戒。陽性堅剛，故又戒以「勿用永貞」。言當隨時之宜，不可固守也。或曰：弗過遇之，若以六二爻例，則當如此説；若依九三爻例，則過遇當如過防之義。未詳孰是，當闕以俟知者。

《象》曰：「弗過遇之」，位不當也；「往厲必戒」，終不可長也。

爻義未明，此亦當闕。

六五，密雲不雨，自我西郊；公弋取彼在穴。

弋，餘職反。以陰居尊，又當陰過之時，不能有爲，而弋取六二以爲助，故有此象。在穴，陰物也。兩陰相得，其不能濟大事可知。

《象》曰：「密雲不雨」，已上也。

已上，太高也。

上六，弗遇過之；飛鳥離之，凶，是謂災眚。

眚，生領反。六以陰居動體之上，處陰過之極，過之已高而甚遠者也，故其象占如此。或曰：遇過，恐亦只當作「過遇」，義同九四，未知是否。

《象》曰：「弗遇過之」，已亢也。

䷾（離下坎上）既濟：亨小，利貞；初吉，終亂。

既濟，事之既成也。爲卦水火相交，各得其用。六爻之位，各得其正，故爲既濟。亨小，當爲「小亨」。大抵此卦及六爻占辭，皆有警戒之意，時當然也。

《彖》曰：「既濟，亨」，小者亨也。

「濟」下疑脱「小」字。

「利貞」，剛柔正而位當也。

以卦體言。

「初吉」，柔得中也。

指六二。

「終」止則「亂」，其道窮也。

《象》曰：水在火上，既濟；君子以思患而豫防之。

初九，曳其輪，濡其尾，无咎。

曳，以制反。濡，音如。輪在下，尾在後，初之象也。曳輪則車不前，濡尾則狐不濟。既濟之初，謹戒如是，无咎之道，占者如是，則无咎矣。

《象》曰：「曳其輪」，義无咎也。

六二，婦喪其茀，勿逐，七日得。

喪，息浪反。茀，力佛反。二以文明中正之德，上應九五剛陽中正之君，宜得行其志。而九五居既濟之時，不能下賢以行其道，故二有「婦喪其茀」之象。茀，婦車之蔽，言失其所以行也。然中正之道，不可終廢，時過則行矣。故又有「勿逐」而自「得」之戒。

《象》曰：「七日得」，以中道也。

九三，高宗伐鬼方，三年克之；小人勿用。

既濟之時，以剛居剛，「高宗伐鬼方」之象也。三年克之，言其久而後克。戒占者不可輕動之意。小人勿用，占法與《師》上六同。

《象》曰：「三年克之」，憊也。

憊，蒲拜反。

六四，繻有衣袽，終日戒。

繻，而朱反。袽，女居反。既濟之時，以柔居柔，能預備而戒懼者也。故其象如此。程子曰：繻當作濡。衣袽，所以塞舟之罅漏。

《象》曰：「終日戒」，有所疑也。

九五，東鄰殺牛，不如西鄰之禴祭，實受其福。

東陽西陰，言九五居尊而時已過，不如六二之在下而始得時也。又當文王與紂之事，故其象占如此。彖辭「初吉終亂」，亦此意也。

《象》曰：「東鄰殺牛，不如西鄰」之時也。「實受其福」，吉大來也。

上六，濡其首，厲。

既濟之極，險體之上，而以陰柔處之，爲狐涉水而濡其首之象。占者不戒，危之道也。

《象》曰：「濡其首，厲」，何可久也！

䷿（坎下離上）未濟：亨；小狐汔濟，濡其尾，无攸利。

汔，許訖反。未濟，事未成之時也。水火不交，不相爲用，卦之六爻，皆失其位，故爲未濟。汔，幾也。幾濟而濡尾，猶未濟也。占者如此，何所利哉！

《彖》曰：「未濟，亨」，柔得中也。

指六五言。

「小狐汔濟」，未出中也；「濡其尾，无攸利」，不續終也。雖不當位，剛柔應也。

《象》曰：火在水上，未濟；君子以慎辨物居方。

水火異物，各居其所，故君子觀象而審辨之。

初六，濡其尾，吝。

以陰居下，當未濟之初，未能自進，故其象占如此。

《象》曰：「濡其尾」，亦不知極也。

「極」字未詳。考上下韻亦不叶，或恐是「敬」字，今且闕之。

九二，曳其輪，貞吉。

以九二應六五，而居柔得中，爲能自止而不進，得爲下之正也。故其象占如此。

《象》曰：九二「貞吉」，中以行正也。

九居二，本非正，以中故得正也。

六三，未濟，征凶，利涉大川。

陰柔不中正，居未濟之時，以征則凶。然以柔乘剛，將出乎坎，有「利涉」之象。故其占如此。蓋行者可以水浮，而不可以陸走也。或疑「利」字上當有「不」字。

《象》曰：「未濟，征凶」，位不當也。

九四，貞吉，悔亡；震用伐鬼方，三年有賞于大國。

以九居四，不正而有悔也。能勉而貞，則「悔亡」矣。然以不貞之資，欲勉而貞，非極其陽剛用力之久不能也。故爲「伐鬼方」，「三年」而受「賞」之象。

《象》曰：「貞吉，悔亡」，志行也。

六五，貞吉，无悔；君子之光，有孚，吉。

以六居五，亦非正也。然文明之主，居中應剛，虚心以求下之助，故得貞而吉且「无悔」，又有光輝之盛，信實而不妄，吉而又吉也。

《象》曰：「君子之光」，其暉「吉」也。

暉者，光之散也。

上九，有孚于飲酒，无咎；濡其首，有孚失是。

以剛明居未濟之極，時將可以有爲，而自信自養以俟命，「无咎」之道也。若縱而不反，如狐之涉水而「濡其首」，則過於自信而失其義矣。

《象》曰：「飲酒」濡首，亦不知節也。

周易卷之三

繫辭上傳

傳，去聲。後同。

繫辭，本謂文王、周公所作之辭，繫于卦爻之下者，即今經文。此篇乃孔子所述繫辭之傳也。以其通論一經之大體凡例，故无經可附，而自分上下云。

天尊地卑，乾坤定矣。卑高以陳，貴賤位矣。動靜有常，剛柔斷矣。方以類聚，物以羣分，吉凶生矣。在天成象，在地成形，變化見矣。

斷，丁亂反。見，賢遍反。「天地」者，陰陽形氣之實體；「乾坤」者，易中純陰純陽之卦名也。「卑高」者，天地萬物上下之位；「貴賤」者，易中卦爻上下之位也。「動」者，陽之常；「靜」者，陰之常。「剛柔」者，易中卦爻陰陽之稱也。「方」，謂事情所向，言事物善惡，各以類分。而「吉凶」者，易中卦爻占決之辭也。「象」者，日月星辰之屬；「形」者，山川動植之屬。「變化」者，易中蓍策卦爻，陰變爲陽，陽化爲陰者也。此言聖人作《易》，因陰陽之實體，爲卦爻之法象。莊周所謂「《易》以道陰陽」，此之謂也。

是故剛柔相摩，八卦相盪。

盪，徒浪反。此言易卦之變化也。六十四卦之初，剛柔兩畫而已，兩相摩而爲四，四相摩而爲八，八相盪而爲六十四。

鼓之以雷霆，潤之以風雨；日月運行，一寒一暑。

此變化之成象者。

乾道成男，坤道成女。

此變化之成形者，此兩節，又明易之見於實體者，與上文相發明也。

乾知大始，坤作成物。

知，猶主也。乾主始物而坤作成之。承上文男女而言乾坤之理。蓋凡物之屬乎陰陽者，莫不如此。大抵陽先陰後，陽施陰受。陽之輕清未形，而陰之重濁有迹也。

乾以易知，坤以簡能；

易，以鼓反。乾健而動，即其所知，便能始物而无所難，故爲以易而知大始。坤順而静，凡其所能，皆從乎陽而不自作，故爲以簡而能成物。

易則易知，簡則易從；易知則有親，易從則有功；有親則可久，有功則可大；可久則賢人之德，可大則賢人之業。

人之所爲，如乾之易，則其心明白，而人「易知」；如坤之簡，則其事要約而人「易從」。「易知」，則與之同心者多，故「有親」；「易從」，則與之協力者衆，故「有功」。「有親」則一於内，故「可久」；「有功」則兼於外，故「可大」。德，謂得於己者；業，謂成於事者。上言乾坤之德不同，此言人法乾坤之道，至此則可以爲賢矣。

易簡，而天下之理得矣；天下之理得，而成位乎其中矣。

成位，謂成人之位。其中，謂天地之中。至此則體道之極功，聖人之能事，可以與天地參矣。

右第一章

此章以造化之實，明作經之理。又言乾坤之理，分見於天地，而人兼體之也。

聖人設卦觀象，繫辭焉而明吉凶。

象者，物之似也。此言聖人作《易》，觀卦爻之象，而繫以辭也。

剛柔相推，而生變化。

言卦爻陰陽迭相推盪，而陰或變陽，陽或化陰，聖人所以觀象而繫辭，衆人所以因蓍而求卦者也。

是故吉凶者，失得之象也；悔吝者，憂虞之象也。

「吉凶」「悔吝」者，易之辭也。「失得」「憂虞」者，事之變也。得則吉，失則凶，「憂虞」雖未至凶，然已足以致悔而取羞矣。蓋「吉凶」相對，而「悔吝」居其中間，悔自凶而趨吉，吝自吉而向凶也。故聖人觀卦爻之中，或有此象，則繫之以此辭也。

變化者，進退之象也；剛柔者，晝夜之象也。六爻之動，三極之道也。

柔變而趨於剛者，退極而進也。剛化而趨於柔者，進極而退也。既變而剛，則晝而陽矣。既化而柔，則夜而陰矣。六爻，初、二爲地，三、四爲人，五、上爲天。動，即變化也。極，至也。三極，天地人之至理。三才各一太極也。此明剛柔相推以生變化。而變化之極，復爲剛柔。流行於一卦六爻之間，而占者得因所值以斷吉凶也。

是故君子所居而安者，《易》之序也；所樂而玩者，爻之辭也。

樂，音洛。《易》之序，謂卦爻所著事理當然之次第。玩者，觀之詳。

是故，君子居則觀其象而玩其辭，動則觀其變而玩其占。是以「自天祐之，吉无不利」。

象辭變已見上。凡單言變者，化在其中，占謂其所值吉凶之決也。

右第二章

此章言聖人作《易》，君子學《易》之事。

彖者，言乎象者也；爻者，言乎變者也。

彖，謂卦辭，文王所作者；爻，謂爻辭，周公所作者。象，指全體而言；變，指一節而言。

吉凶者，言乎其失得也；悔吝者，言乎其小疵也；无咎者，善補過也。

此卦爻辭之通例。

是故列貴賤者存乎位，齊小大者存乎卦，辯吉凶者存乎辭。

位，謂六爻之位。齊，猶定也。小，謂陰；大，謂陽。

憂悔吝者存乎介，震无咎者存乎悔。

上「悔」，乎罪反。下「悔」，呼對反。介，謂辯別之端，蓋善惡已動而未形之時也。於此憂之，則不至於悔吝矣。震，動也。知悔則有以動其補過之心，而可以无咎矣。

是故卦有小大，辭有險易；辭也者，各指其所之。

易，以豉反。小險大易，各隨所向。

右第三章

此章釋卦爻辭之通例。

《易》與天地準，故能彌綸天地之道。

《易》書卦爻，具有天地之道，與之齊準。彌，如彌縫之彌，有終竟聯合之意；綸，有選擇條理之意。

仰以觀於天文，俯以察於地理，是故知幽明之故；原始反終，故知死生之説；精氣爲物，游魂爲變，是故知鬼神之情狀。

此窮理之事。以者，聖人以《易》之書也，易者陰陽而已。「幽明」、「死生」、「鬼神」，皆陰陽之變，天地之道也。「天文」則有晝夜上下，「地理」則有南北高深。「原」者，推之於前；「反」者，要之於後。陰精陽氣，聚而成物，神之伸也；魂游魄降，散而爲變，鬼之歸也。

與天地相似，故不違；知周乎萬物而道濟天下，故不過；旁行而不流，樂天知命，故不憂；安土敦乎仁，故能愛。

知，音智。樂，音洛。「知命」之知，如字。此聖人盡性之事也。天地之道，知仁而已。「知周萬物」者，天也。「道濟天下」者，地也。知且仁，則知而不過矣。「旁行」者，行權之知也。「不流」者，守正之仁也。既樂天理，而又知天命，故能无憂，而其知益深，隨處皆安而无一息之不仁，故能不忘其濟物之心而仁益篤，蓋仁者愛之理，愛者仁之用，故其相爲表裏如此。

範圍天地之化而不過，曲成萬物而不遺，通乎晝夜之道而知，故神无方而《易》无體。

此聖人至命之事也。範，如鑄金之有模範；圍，匡郭也。天地之化无窮，而聖人爲之範圍，不使過於中道，所謂裁成者也。通，猶兼也。「晝夜」，即「幽明」、「生死」、「鬼神」之謂。如此，然後可見至神之妙，无有方所，易之變化，无有形體也。

右第四章

此章言《易》道之大，聖人用之如此。

一陰一陽之謂道。

陰陽迭運者，氣也。其理則所謂道。

繼之者善也，成之者性也。

道具於陰而行乎陽。繼，言其發也。善，謂化育之功，陽之事也。成，言其具也。性，謂物之所受，言物生則有性，而各具是道也，陰之事也。周子、程子之書，言之備矣。

仁者見之謂之仁，知者見之謂之知，百姓日用而不知，故君子之道鮮矣。

知，音智。「不知」之知，如字。鮮，息淺反。仁陽知陰，各得是道之一隅，故隨其所見而目爲全體也。日用不知，則莫不飲食，鮮能知味者。又其每下者也，然亦莫不有是道焉。或曰：上章以知屬乎天，仁屬乎地，與此不同，何也？曰：彼以清濁言，此以動静言。

顯諸仁，藏諸用，鼓萬物而不與聖人同憂，盛德大業，至矣哉！

顯，自内而外也。仁，謂造化之功，德之發也。藏，自外而内也。用，謂機緘之妙，業之本也。程子曰：天地无心而成化，聖人有心而无爲。

富有之謂大業，日新之謂盛德。

張子曰：富有者，大而无外；日新者，久而无窮。

生生之謂易。

陰生陽，陽生陰，其變無窮。理與書皆然也。

成象之謂乾，效法之謂坤。

效，呈也。法，謂造化之詳密而可見者。

極數知來之謂占，通變之謂事。

占，筮也。事之未定者，屬乎陽也。事，行事也。占之已決者，屬乎陰也。「極數知來」，所以通事之變。張忠定公言：公事有陰陽，意蓋如此。

陰陽不測之謂神。

張子曰：兩在，故不測。

右第五章

此章言道之體用，不外乎陰陽，而其所以然者，則未嘗倚於陰陽也。

夫《易》，廣矣大矣！以言乎遠則不禦，以言乎邇則静而正，以言乎天地之間則備矣。

夫，音扶。下同。不禦，言无盡。静而正，言即物而理存。備，言无所不有。

夫乾，其静也專，其動也直，是以大生焉；夫坤，其静也翕，其動也闢，是以廣生焉。

翕，虛級反。闢，婢亦反。乾坤各有動静，於其四德見之，静體而動用，静别而動交也。乾一而實，故以質言而曰大；坤二而虛，故以量言而曰廣。蓋天之形雖包於地之外，而其氣常行乎地之中也。《易》之所以廣大者以此。

廣大配天地，變通配四時，陰陽之義配日月，易簡之善配至德。

易，以豉反。《易》之廣大變通，與其所言陰陽之説、易簡之德，配之天道人事則如此。

右第六章

子曰：「《易》其至矣乎！夫《易》，聖人所以崇德而廣業也。知崇禮卑，崇效天，卑法地。

知，音智。《十翼》皆夫子所作，不應自著「子曰」字，疑皆後人所加也。窮理，則知崇如天而德崇；循理，則禮卑如地而業廣。此其取類，又以清濁言也。

天地設位，而易行乎其中矣。成性存存，道義之門。」

「天地設位」而變化行，猶知禮存性而道義出也。「成性」，本成之性也。「存存」，謂存而又存，不已之意也。

右第七章

聖人有以見天下之賾，而擬諸其形容，象其物宜，是故謂之象。

賾，雜亂也。象，卦之象，如《説卦》所列者。

聖人有以見天下之動，而觀其會通，以行其典禮，繫辭焉以斷其吉凶，是故謂之爻。

斷，丁玩反。會，謂理之所聚而不可遺處；通，謂理之可行而无所礙處。如庖丁解牛，會則其族，而通則其虛也。

言天下之至賾而不可惡也，言天下之至動而不可亂也。

惡，烏路反。惡，猶厭也。

擬之而後言，議之而後動，擬議以成其變化。

觀象玩辭，觀變玩占，而法行之。此下七爻，則其例也。

「鳴鶴在陰，其子和之。我有好爵，吾與爾靡之。」子曰：「君子居其室，出其言善，則千里之外應之，況其邇者乎？居其室，出其言不善，則千里之外違之，況其邇者乎？言出乎身，加乎民；行發乎邇，見乎遠。言行，君子之樞機。樞機之發，榮辱之主也。言行，君子之所以動天地也，可不慎乎？」

和，胡卧反。靡，音縻。行，下孟反。見，賢遍反。釋《中孚》九二爻義。

「同人先號咷而後笑。」子曰：「君子之道，或出或處，或默或語。二人同心，其利斷金；同心之言，其臭如蘭。」

斷，丁管反。臭，昌又反。釋《同人》九五爻義。言君子之道，初若不同，而後實无間。「斷金」、「如蘭」，言物莫能間，而其言有味也。

「初六，藉用白茅，无咎。」子曰：「苟錯諸地而可矣，藉之用茅，何咎之有？慎之至也。夫茅之爲物薄，而用可重也。慎斯術也以往，其无所失矣。」

藉，在夜反。錯，音措。夫，音扶。釋《大過》初六爻義。

「勞謙，君子有終，吉。」子曰：「勞而不伐，有功而不德，厚之至也。語以其功下人者也。德言盛，禮言恭；謙也者，致恭以存其位者也。」

釋《謙》九三爻義。「德言盛，禮言恭」，言德欲其盛，禮欲其恭也。

「亢龍有悔。」子曰：「貴而无位，高而无民，賢人在下位而无輔，是以動而有悔也。」

釋《乾》上九爻義。當屬《文言》，此蓋重出。

「不出户庭，无咎。」子曰：「亂之所生也，則言語以爲階。君不密則失臣，臣不密則失身，幾事不密則害成，是以君子慎密而不出也。」

幾，音機。釋《節》初九爻義。

子曰：「作《易》者，其知盗乎？《易》曰：『負且乘，致寇至。』負也者，小人之事也；乘也者，君子之器也。小人而乘君子之器，盗思奪之矣；上慢下暴，盗思伐之矣。慢藏誨盗，冶容誨淫。《易》曰：『負且乘，致寇至。』盗之招也。」

藏，才浪反。釋《解》六三爻義。

右第八章

此章言卦爻之用。

天一，地二；天三，地四；天五，地六；天七，地八；天九，地十。

此簡本在第十章之首。程子曰，宜在此。今從之。此言天地之數，陽奇陰偶，即所謂河圖者也。其位一六居下，二七居上，三八居左，四九居右，五十居中。就此章而言之，則中五爲衍母，次十爲衍子，次一二三四爲四象之位，次六七八九爲四象之數。二老位於西北，二少位於東南，其數則各以其類交錯於外也。

天數五，地數五，五位相得而各有合。天數二十有五，地數三十，凡天地之數五十有五。此所以成变化而行鬼神也。

此簡本在「大衍」之後，今按宜在此。天數五者，一三五七九皆奇也；地數五者，二四六八十皆耦也。相得，謂一與二，三與四，五與六，七與八，九與十，各以奇耦爲類而自相得。有合，謂一與六，二與七，三與八，四與九，五與十，皆兩相合。二十有五者，五奇之積也；三十者，五耦之積也。變化，謂一變生水而六化成之，二化生火而七變成之，三變生木而八化成之，四化生金而九變成之；五變生土而十化成之。鬼神，謂凡奇耦生成之屈伸往來者。

大衍之數五十，其用四十有九。分而为二以象两，掛一以象三，揲之以四以象四时，归奇於扐以象閏，五歲再閏，故再扐而後掛。

揲，時設反。奇，紀宜反。扐，郎得反。大衍之數五十，蓋以河圖中宫天五乘地十而得之。至用以筮，則又止用四十有九，蓋皆出於理勢之自然，而非人之知力所能損益也。兩，謂天地也。掛，懸其一於左手小指之間也。三，三才也。揲，間而數之也。奇，所揲四數之餘也。扐，勒於左手中三指之兩間也。閏，積月之餘日而成月者也。五歲之間，再積日而再成月。故五歲之中，凡有再閏，然後别起積分，如一掛之後，左右各一揲而一扐，故五者之中，凡有再扐，然後別起一掛也。

乾之策二百一十有六，坤之策百四十有四，凡三百有六十，當期之日。

期，音基。凡此策數生於四象，蓋河圖四面，太陽居一而連九，少陰居二而連八，少陽居三而連七，太陰居四而連六。揲蓍之法，則通計三變之餘，去其初掛之一，凡四爲奇，凡八爲耦，奇圓圍三，耦方圍四，三用其全，四用其半，積而數之，則爲六七八九。而第三變揲數策數，亦皆符會。蓋餘三奇則九，而其揲亦九，策亦四九三十六，是爲居一之太陽，餘二奇一耦則八，而其揲亦八，策亦四八三十二，是爲居二之少陰，二耦一奇則七，而其揲亦七，策亦四七二十八，是爲居三之少陽，三耦則六，而其揲亦六，策亦四六二十四，是爲居四之老陰，是其變化往來進退離合之妙，皆出自然，非人之所能爲也。少陰退而未極乎虛，少陽進而未極乎盈，故此獨以老陽老陰計乾坤六爻之策數，餘可推而知也。期，周一歲也。凡三百六十五日四分日之一，此特舉成數而概言之耳。

二篇之策，萬有一千五百二十，當萬物之數也。

二篇，謂上下經。凡陽爻百九十二，得六千九百一十二策，陰爻百九十二，得四千六百八策，合之得此數。

是故四營而成易，十有八變而成卦。

四營，謂分二、掛一、揲四、歸奇也。易，變易也，謂一變也。三變成爻，十八變則成六爻也。

八卦而小成。

謂九變而成三畫，得内卦也。

引而伸之，觸類而長之，天下之能事畢矣。

長，丁丈反。謂已成六爻，而視其爻之變與不變以爲動静，則一卦可變而爲六十四卦以定吉凶，凡四千九十六卦也。

顯道神德行，是故可與酬酢，可與祐神矣。

行，下孟反。道因辭顯，行以數神。酬酢，謂應對。祐神，謂助神化之功。

子曰："「知變化之道者，其知神之所爲乎？」

變化之道，即上文數法是也。皆非人之所能爲。故夫子嘆之，而門人加「子曰」以別上文也。

右第九章

此章言「天地」、「大衍」之數，揲蓍求卦之法，然亦略矣，意其詳具於太卜筮人之官，而今不可考耳。其可推者，《啓蒙》備言之。

《易》有聖人之道四焉：以言者尚其辭，以動者尚其變，以制器者尚其象，以卜筮者尚其占。

四者皆變化之道，神之所爲者也。

是以君子將有爲也，將有行也，問焉而以言，其受命也如嚮，无有遠近幽深，遂知來物。非天下之至精，其孰能與於此？

嚮，許兩反；古文嚮字。與，音預。下同。此尚辭尚占之事，言人以蓍問易，求其卦爻之辭，而以之發言處事，則易受人之命而有以告之，如嚮之應聲，以決其未來之吉凶也。以言，與「以言者尚其辭」之「以言」義同。命，則將筮而告蓍之語。《冠禮》「筮日宰自右贊命」是也。

參伍以變，錯綜其數：通其變，遂成天地之文；極其數，遂定天下之象。非天下之至變，其孰能與於此？

參，七南反。錯，七各反。綜，作弄反。此尚象之事，變則象之未定者也。參者，三數之也；伍者，五數之也。既參以變，又伍以變，一先一後，更相考覈，以審其多寡之實也。錯者，交而互之，一左一右之謂也；綜者，總而挈之，一低一昂之謂也。此亦皆謂揲蓍求卦之事。蓋通三揲兩手之策，以成陰陽老少之畫；究七八九六之數，以定卦爻動静之象也。「參伍」、「錯綜」皆古語，而「參伍」尤難曉。按《荀子》云：「窺敵制變，欲伍以參。」韓非曰：「省同異之言，以知朋黨之分；偶參伍之驗，以責陳言之實。」又曰：「參之以此物，伍之以合參。」《史記》曰：「必參而伍之。」又曰：「參伍不失。」《漢書》曰：「參伍其賈，以類相準。」此足以相發明矣。

易，无思也，无爲也，寂然不動，感而遂通天下之故。非天下之至神，其孰能與於此？

此四者，易之體所以立，而用所以行者也。易，指蓍卦。无思无爲，言其无心也。寂然者，感之體。感通者，寂之用。人心之妙，其動静亦如此。

夫易，聖人之所以極深而研幾也。

幾，音機。下同。研，猶審也；幾，微也。所以「極深」者，至精也；所以「研幾」者，至變也。

唯深也，故能通天下之志；唯幾也，故能成天下之務；唯神也，故不疾而速，不行而至。

所以通志而成務者，神之所爲也。

子曰：「《易》有聖人之道四焉」者，此之謂也。

右第十章

此章承上章之意，言易之用有此四者。

子曰：「夫《易》，何爲者也？ 夫《易》，開物成務，冒天下之道，如斯而已者也。」是故聖人以通天下之志，以定天下之業，以斷天下之疑。

夫，音扶。 冒，莫報反。 斷，丁亂反。 開物成務，謂使人卜筮以知吉凶而成事業。 冒天下之道，謂卦爻既設，而天下之道皆在其中。

是故蓍之德圓而神，卦之德方以知，六爻之義易以貢。聖人以此洗心，退藏於密，吉凶與民同患。神以知來，知以藏往，其孰能與於此哉？ 古之聰明睿知，神武而不殺者夫！

「方以知」之知，音智。 下「知以」、「睿知」並同，易，音亦。 與，音預。 夫，音扶。 圓神，謂變化无方；方知，謂事有定理；易以貢，謂變易以告人。 聖人體具三者之德，而无一塵之累。 无事，則其心寂然，人莫能窺。 有事則神知之用，隨感而應，所謂无卜筮而知吉凶也。 神武不殺，得其理而不假其物之謂。

是以明於天之道，而察於民之故，是興神物以前民用。 聖人以此齋戒，以神明其德夫！

夫，音扶。 神物，謂蓍龜。 湛然純一之謂齋，肅然警惕之謂戒。 明天道，故知神物之可興；察民故，故知其用之不可不有以開其先。是以作爲卜筮以教人，而於此焉。齋戒以考其占，使其心神明不測，如鬼神之能知來也。

是故闔户謂之坤，闢户謂之乾。一闔一闢謂之變，往來不窮謂之通。見乃謂之象，形乃謂之器，制而用之謂之法，利用出入，民咸用之謂之神。

見，賢遍反。闔、闢，動静之機也。先言坤者，由静而動也。乾坤變通者，化育之功也。見象形器者，生物之序也。法者，聖人脩道之所爲；而神者，百姓自然之日用也。

是故易有大極，是生兩儀，兩儀生四象，四象生八卦。

大，音泰。一每生二，自然之理也。易者，陰陽之變。大極者，其理也。兩儀者，始爲一畫以分陰陽。四象者，次爲二畫以分太少。八卦者，次爲三畫而三才之象始備。此數言者，實聖人作易自然之次第，有不假絲毫智力而成者。畫卦揲蓍，其序皆然。詳見序例、《啓蒙》。

八卦定吉凶，吉凶生大業。

有吉有凶，是生大業。

是故法象莫大乎天地；變通莫大乎四時；縣象著明莫大乎日月；崇高莫大乎富貴；備

物致用，立成器以爲天下利，莫大乎聖人；探賾索隱，鉤深致遠，以定天下之吉凶，成天下之亹亹者，莫大乎蓍龜。

縣，音玄。探，吐南反。索，色白反。亹，亡偉反。富貴，謂有天下履帝位。「立」下疑有闕文。亹亹，猶勉勉也。疑則怠，決故勉。

是故天生神物，聖人則之；天地變化，聖人效之；天垂象，見吉凶，聖人象之；河出圖，洛出書，聖人則之。

見，賢遍反。此四者，聖人作《易》之所由也。河圖、洛書，詳見《啓蒙》。

易有四象，所以示也；繫辭焉，所以告也；定之以吉凶，所以斷也。

斷，丁亂反。四象，謂陰陽老少。示，謂示人以所值之卦爻。

右第十一章

此章專言卜筮。

《易》曰：「自天祐之，吉无不利。」子曰：「祐者助也。天之所助者，順也；人之所助者，信也。履信思乎順，又以尚賢也，是以『自天祐之，吉无不利』也。」

釋《大有》上九爻義。然在此无所屬，或恐是錯簡，宜在第八章之末。

子曰：「書不盡言，言不盡意。」然則聖人之意，其不可見乎？　子曰：「聖人立象以盡意，設卦以盡情僞，繫辭焉以盡其言，變而通之以盡利，鼓之舞之以盡神。」

言之所傳者淺，象之所示者深。觀奇耦二畫，包含變化，无有窮盡，則可見矣。變通、鼓舞，以事而言。兩「子曰」字，疑衍其一。蓋「子曰」字皆後人所加，故有此誤。如近世《通書》，乃周子所自作，亦爲後人每章加以「周子曰」字，其設問答處，正如此也。

乾坤其易之緼邪？　乾坤成列，而易立乎其中矣；乾坤毁，則无以見易；易不可見，則乾坤或幾乎息矣。

緼，與藴同。邪，于遮反。幾，音機。緼，所包蓄者，猶衣之著也。易之所有，陰陽而已。凡陽皆乾，凡陰皆坤，畫卦定位，則二者成列而易之體立矣。乾坤毁，謂卦畫不立；乾坤息，謂變化不行。

是故形而上者謂之道，形而下者謂之器，化而裁之謂之變，推而行之謂之通，舉而錯之天下之民謂之事業。

卦爻陰陽，皆「形而下者」，其理則道也。因其自然之化而裁制之，變化之義也。「變通」二字，上章以天言，此章以人言。

是故夫象，聖人有以見天下之賾，而擬諸其形容，象其物宜，是故謂之象。聖人有以見天下之動，而觀其會通，以行其典禮，繫辭焉以斷其吉凶，是故謂之爻。

重出以起下文。

極天下之賾者存乎卦；鼓天下之動者存乎辭；

卦，即象也。辭，即爻也。

化而裁之存乎變；推而行之存乎通；神而明之存乎其人；默而成之，不言而信，存乎德行。

行，下孟反。卦爻所以變通者在人，人之所以能「神而明之」者在德。

右第十二章

繫辭下傳

八卦成列，象在其中矣；因而重之，爻在其中矣；

重，直龍反。成列，謂乾一、兑二、離三、震四、巽五、坎六、艮七、坤八之類。象，謂卦之形體也。因而重之，謂各因一卦而以八卦次第加之爲六十四也。爻，六爻也。既重而後卦有六爻也。

剛柔相推，變在其中矣；繫辭焉而命之，動在其中矣。

剛柔相推，而卦爻之變，往來交錯，无不可見。聖人因其如此，而皆繫之辭以命其吉凶，則占者所值當動之爻象，亦不出乎此矣。

吉凶悔吝者，生乎動者也；

吉凶悔吝，皆辭之所命也。然必因卦爻之動而後見。

剛柔者，立本者也；變通者，趣時者也。

趣，七樹反。一剛一柔，各有定位，自此而彼，變以從時。

吉凶者，貞勝者也；

貞，正也，常也；物以其所正爲常者也。天下之事，非吉則凶，非凶則吉，常相勝而不已也。

天地之道，貞觀者也；日月之道，貞明者也；天下之動，貞夫一者也。

觀，官换反。夫，音扶。觀，示也。天下之動，其變无窮，然順理則吉。逆理則凶，則其所正而常者，亦一理而已矣。

夫乾，確然示人易矣；夫坤，隤然示人簡矣。

確，苦角反。易，音異。隤，音頹。確然，健貌；隤然，順貌，所謂「貞觀者也」。

爻也者，效此者也；象也者，像此者也。

此謂上文乾坤所示之理，爻之奇耦，卦之消息，所以效而象之。

爻象動乎内，吉凶見乎外；功業見乎變，聖人之情見乎辭。

内，謂蓍卦之中；外，謂蓍卦之外。變，即動乎内之變；辭，即見乎外之辭。

天地之大德曰生，聖人之大寶曰位。何以守位？曰人。何以聚人？曰財。理財正辭、禁民爲非曰義。

「曰人」之人，今本作「仁」。吕氏從古，蓋所謂非衆罔與守邦。

右第一章

此章言卦爻吉凶造化功業。

古者包犧氏之王天下也，仰則觀象於天，俯則觀法於地，觀鳥獸之文，與地之宜，近取諸身，遠取諸物，於是始作八卦，以通神明之德，以類萬物之情。

包，蒲交反。王，于況反。王昭素曰，「與地」之間，諸本多有「天」字。俯仰遠近，所取不一，然不過以驗陰陽消息兩端而已。神明之德，如健順動止之性；萬物之情，如雷風山澤之象。

作結繩而爲罔罟，以佃以漁，蓋取諸《離》。

罔，與網同，罟，音古。佃，音田。兩目相承，而物麗焉。

包犧氏没，神農氏作，斲木爲耜，揉木爲耒，耒耨之利，以教天下，蓋取諸《益》。

斲，涉角反。耜，音似。耒，力對反。耨，奴豆反。二體皆木，上入下動，天下之益，莫大於此。

日中爲市，致天下之民，聚天下之貨，交易而退，各得其所，蓋取諸《噬嗑》。

日中爲市，上明而下動，又借噬爲市，嗑爲合也。

神農氏没，黄帝、堯、舜氏作，通其變，使民不倦，神而化之，使民宜之。《易》窮則變，變則通，通則久。是以「自天祐之，吉无不利」。黄帝、堯、舜垂衣裳而天下治，蓋取諸《乾》、《坤》。

《乾》、《坤》變化而无爲。

刳木爲舟，剡木爲楫，舟楫之利，以濟不通，致遠以利天下，蓋取諸《涣》。

刳，口姑反。剡，以冉反。木在水上也。「致遠以利天下」，疑衍。

服牛乘馬，引重致遠，以利天下，蓋取諸《隨》。

下動上説。

重門擊柝，以待暴客，蓋取諸《豫》。

重，直龍反。柝，他各反。豫備之意。

斷木爲杵，掘地爲臼，臼杵之利，萬民以濟，蓋取諸《小過》。

斷，丁緩反。杵，昌吕反。掘，其月反。下止上動。

弦木爲弧，剡木爲矢，弧矢之利，以威天下，蓋取諸《睽》。

睽乖然後威以服之。

上古穴居而野處，後世聖人易之以宫室，上棟下宇，以待風雨，蓋取諸《大壯》。

處，上聲。壯固之意。

古之葬者，厚衣之以薪，葬之中野，不封不樹，喪期无數，後世聖人易之以棺椁，蓋取諸《大過》。

衣，去聲。送死大事而過於厚。

上古結繩而治，後世聖人易之以書契，百官以治，萬民以察，蓋取諸《夬》。

明決之意。

右第二章

此章言聖人制器尚象之事。

是故《易》者，象也；象也者，像也。

易卦之形，理之似也。

彖者，材也；

彖言一卦之材。

爻也者，效天下之動者也。

效，放也。

是故吉凶生而悔吝著也。

「悔吝」本微，因此而「著」。

右第三章

陽卦多陰，陰卦多陽。

震、坎、艮爲陽卦，皆一陽二陰；巽、離、兑爲陰卦，皆一陰二陽。

其故何也？陽卦奇，陰卦耦。

奇，紀宜反。凡陽卦皆五畫，凡陰卦皆四畫。

其德行何也？陽一君而二民，君子之道也；陰二君而一民，小人之道也。

行，下孟反。君，謂陽；民，謂陰。

右第四章

《易》曰："憧憧往來，朋從爾思。"子曰："天下何思何慮？天下同歸而殊塗，一致而百慮，天下何思何慮？

此引《咸》九四爻辭而釋之。言理本無二，而殊塗百慮，莫非自然，何以思慮爲哉？必思而從，則所從者亦狹矣。

日往則月來，月往則日來，日月相推，而明生焉；寒往則暑來，暑往則寒來，寒暑相推而歲成焉。往者，屈也；來者，信也。屈信相感，而利生焉。

信，音申。言往來屈信，皆感應自然之常理，加"憧憧"焉，則入於私矣，所以必思而後有從也。

「尺蠖之屈，以求信也；龍蛇之蟄，以存身也。精義入神，以致用也；利用安身，以崇德也。

蠖，紆縛反。蟄，真立反。因言屈信往來之理，而又推以言學，亦有自然之機也。精研其義，至於入神，屈之至也。然乃所以爲出而致用之本，利其施用，无適不安，信之極也。然乃所以爲入而崇德之資，内外交相養，互相發也。

「過此以往，未之或知也；窮神知化，德之盛也。」

下學之事，盡力于「精義」、「利用」，而交養互發之機，自不能已。自是以上，則亦无所用其力矣。至於「窮神知化」，乃德盛仁熟而自致耳。然不知者，往而屈也。自致者，來而信也；是亦感應自然之理而已。張子曰：「氣有陰陽，推行有漸爲化，合一不測爲神。」此上四節，皆以釋《咸》九四爻義。

《易》曰：「困于石，據于蒺藜，入于其宫，不見其妻，凶。」子曰：「非所困而困焉，名必辱；非所據而據焉，身必危。既辱且危，死期將至，妻其可得見邪？」

釋《困》六三爻義。

《易》曰：「公用射隼于高墉之上，獲之，无不利。」子曰：「隼者，禽也；弓矢者，器也；射之者，人也。君子藏器於身，待時而動，何不利之有？動而不括，是以出而有獲，語成器而動者也。」

射，石亦反。隼，恤允反。括，古活反。括，結礙也。此釋《解》上六爻義。

子曰：「小人不恥不仁，不畏不義，不見利不勸，不威不懲。小懲而大誡，此小人之福也。《易》曰：『屨校滅趾，无咎。』此之謂也。

校，音教。此釋《噬嗑》初九爻義。

「善不積，不足以成名；惡不積，不足以滅身。小人以小善爲无益而弗爲也，以小惡爲无傷而弗去也，故惡積而不可掩，罪大而不可解。《易》曰：『何校滅耳，凶。』」

何，河可反。去，羌吕反。此釋《噬嗑》上九爻義。

子曰：「危者，安其位者也；亡者，保其存者也；亂者，有其治者也。是故君子安而不忘危，存而不忘亡，治而不忘亂。是以身安而國家可保也。《易》曰：『其亡其亡，繫于苞桑。』」

此釋《否》九五爻義。

子曰：「德薄而位尊，知小而謀大，力小而任重，鮮不及矣！《易》曰：『鼎折足，覆公餗，其形渥，凶。』言不勝其任也。」

知，音智。鮮，仙善反。折，之設反。餗，音速。渥，烏角反。勝，音升。此釋《鼎》九四爻義。

子曰：「知幾其神乎？君子上交不諂，下交不瀆，其知幾乎！幾者，動之微，吉之先見者也。君子見幾而作，不俟終日。《易》曰：『介于石，不終日，貞吉。』介如石焉，寧用終日？斷可識矣！君子知微知彰，知柔知剛，萬夫之望。」

幾，音機。「先見」之見，音現。斷，丁玩反。望，無方反。此釋《豫》六二爻義。《漢書》「吉之」之間有「凶」字。

子曰：「颜氏之子，其殆庶幾乎？有不善，未嘗不知；知之，未嘗復行也。《易》曰：『不遠復，无祇悔，元吉。』」

幾，音機。「復行」之復，芳服反。祇，音其。殆，危也。庶幾，近意，言近道也。此釋《復》初九爻義。

「天地絪緼，萬物化醇。男女構精，萬物化生。《易》曰：『三人行，則損一人；一人行，則得其友。』言致一也。」

絪，音因。緼，紆云反。絪緼，交密之狀。醇，謂厚而凝也，言氣化者也。化生，形化者也。此釋《損》六三爻義。

子曰：「君子安其身而後動，易其心而後語，定其交而後求：君子脩此三者，故全也。危以動，則民不與也；懼以語，則民不應也；无交而求，則民不與也；莫之與，則傷之者至矣。《易》曰：『莫益之，或擊之，立心勿恒，凶。』」

「易其」之易，去聲。此釋《益》上九爻義。

右第五章

子曰：「乾坤其易之門邪？乾，陽物也；坤，陰物也。陰陽合德而剛柔有體，以體天地之撰，以通神明之德。

邪，于遮反。撰，仕免反。諸卦剛柔之體，皆以乾坤合德而成。故曰：乾坤易之門。撰，猶事也。

「其稱名也，雜而不越，於稽其類，其衰世之意邪？

萬物雖多，无不出於陰陽之變。故卦爻之義，雖雜出而不差繆，然非上古淳質之時思慮所及也。故以爲衰世之意，蓋指文王與紂之時也。

「夫《易》，彰往而察來，而微顯闡幽。開而當名辨物，正言斷辭則備矣。

夫，音扶。當，去聲。斷，丁玩反。「而微顯」恐當作「微顯而」。「開而」之

「而」，亦疑有誤。

「其稱名也小，其取類也大；其旨遠，其辭文，其言曲而中，其事肆而隱。因貳以濟民行，以明失得之報。」

中，丁仲反。行，下孟反。肆，陳也。貳，疑也。

右第六章

此章多闕文疑字，不可盡通，後皆放此。

《易》之興也，其於中古乎？作《易》者，其有憂患乎？

夏商之末，易道中微，文王拘於羑里而繫彖辭，易道復興。

是故《履》，德之基也；《謙》，德之柄也；《復》，德之本也；《恒》，德之固也；《損》，德之脩也；《益》，德之裕也；《困》，德之辨也；《井》，德之地也；《巽》，德之制也。

履，禮也，上天下澤，定分不易，必謹乎此，然後其德有以爲基而立也。謙者，自卑而尊人，又爲禮者之所當執持而不可失者也。九卦皆反身脩德以處憂患之事也，而有序焉。基，所以立；柄，所以持；復者，心不外而善端存；恒者，守不變而常且久；懲忿窒欲以脩身；遷善改過以長善；困以自驗其力；井以不變其所；然後能巽順於理，以制事變也。

《履》，和而至；《謙》，尊而光；《復》，小而辨於物；《恒》，雜而不厭；《損》，先難而後易；《益》，長裕而不設；《困》，窮而通；《井》，居其所而遷；《巽》，稱而隱。

易，以豉反。長，丁丈反。稱，尺證反。此如《書》之九德，禮非强世，然事皆至極。《謙》，以自卑而尊且光；《復》，陽微而不亂於群陰；《恒》，處雜而常德不厭；《損》，欲先難，習熟則易；《益》，但充長而不造作；《困》，身困而道亨；《井》，不動而及物；《巽》，稱物之宜而潛隱不露。

《履》以和行，《謙》以制禮，《復》以自知，《恒》以一德，《損》以遠害，《益》以興利，《困》以寡怨，《井》以辨義，《巽》以行權。

「和行」之行，下孟反。遠，袁萬反。寡怨，謂少所怨尤。辨義，謂安而能慮。

右第七章

此章三陳九卦，以明處憂患之道。

《易》之爲書也不可遠，爲道也屢遷。變動不居，周流六虛，上下無常，剛柔相易，不可爲典要，唯變所適。

遠，袁萬反。上，上聲。下，去聲。逮，猶忘也。周流六虛，謂陰陽流行於卦之六位。

其出入以度，外内使知懼。

此句未詳，疑有脱誤。

又明於憂患與故，无有師保，如臨父母。

雖无師保，而常若父母臨之，戒懼之至。

初率其辭，而揆其方，既有典常。苟非其人，道不虚行。

揆，葵癸反。方，道也。始由辭以度其理，則見其有典常矣。然神而明之，則存乎其人也。

右第八章

《易》之爲書也，原始要終以爲質也。六爻相雜，唯其時物也。

要，一遥反。下同。質，謂卦體。卦必舉其始終而後成體，爻則唯其時物而已。

其初難知，其上易知：本末也。初辭擬之，卒成之終。

易，去聲。此言初上二爻。

若夫雜物撰德，辨是與非，則非其中爻不備。

夫，音扶。此謂卦中四爻。

噫！亦要存亡吉凶，則居可知矣。知者觀其《彖辭》，則思過半矣。

「知者」之知，音智。彖，統論一卦六爻之體。

二與四同功而異位，其善不同：二多譽，四多懼，近也。柔之爲道，不利遠者；其要无咎，其用柔中也。

要，如字；又一遥反。下章同。此以下論中爻。同功，謂皆陰位。異位，謂遠近不同。四近君，故多懼。柔不利遠，而二多譽者，以其柔中也。

三與五同功而異位：三多凶，五多功，貴賤之等也。其柔危，其剛勝邪？

勝，音升。三、五同陽位，而貴賤不同，然以柔居之則危，唯剛則能勝之。

右第九章

《易》之爲書也，廣大悉備：有天道焉，有人道焉，有地道焉。兼三才而兩之，故六。六者，非它也，三才之道也。

三畫已具「三才」，重之故「六」。以上二爻爲天，中二爻爲人，下二爻爲地。

道有變動，故曰爻；爻有等，故曰物；物相雜，故曰文；文不當，故吉凶生焉。

當，去聲。道有變動，謂卦之一體。等，謂遠近貴賤之差。相雜，謂剛柔之位相間。不當，謂爻不當位。

右第十章

《易》之興也，其當殷之末世，周之盛德邪？當文王與紂之事邪？是故其辭危。危者使平，易者使傾；其道甚大，百物不廢。懼以終始，其要无咎，此之謂《易》之道也。

邪，于遮反。「易者」之易，去聲。要，平聲。危懼故得平安，慢易則必傾覆，《易》之道也。

右第十一章

夫乾，天下之至健也，德行恒易以知險；夫坤，天下之至順也，德行恒簡以知阻。

夫，音扶。行、易，並去聲。阻，莊吕反。至健則所行无難，故易；至順則所行不煩，故簡。然其於事皆有以知其難，而不敢易以處之也。是以其有憂患，則健者如自高臨下而知其險，順者如自下趨上而知其阻。蓋雖易而能知險，則不陷於險矣；既簡而又知阻，則不困於阻矣。所以能危能懼而无易者之傾也。

能説諸心，能研諸侯之慮，定天下之吉凶，成天下之亹亹者。

説，音悦。「侯之」二字衍。「説諸心」者，心與理會，乾之事也；「研諸慮」者，理因慮審，坤之事也。「説諸心」，故有以定吉凶；「研諸慮」，故有以成亹亹。

是故變化云爲，吉事有祥；象事知器，占事知來。

變化云爲，故「象事」可以「知器」；吉事有祥，故「占事」可以「知來」。

天地設位，聖人成能，人謀鬼謀，百姓與能。

與，音預。天地設位，而聖人作易以成其功，於是「人謀鬼謀」，雖百姓之愚，皆得以與其能。

八卦以象告，爻彖以情言。剛柔雜居，而吉凶可見矣。

象，謂卦畫；爻彖，謂卦爻辭。

變動以利言，吉凶以情遷。是故愛惡相攻而吉凶生，遠近相取而悔吝生，情僞相感而利害生。凡《易》之情，近而不相得則凶。或害之，悔且吝。

惡，烏路反。不相得，謂相惡也。凶害悔吝，皆由此生。

將叛者，其辭慙；中心疑者，其辭枝；吉人之辭寡；躁人之辭多；誣善之人，其辭游；失其守者，其辭屈。

卦爻之辭，亦猶是也。

右第十二章

周易卷之四

説卦傳

昔者聖人之作《易》也，幽贊於神明而生蓍。

幽贊神明，猶言贊化育。《龜策傳》曰：「天下和平，王道得，而蓍莖長丈，其叢生滿百莖。」

參天兩地而倚數，

參，七南反。天圓地方，圓者一而圍三，三各一奇，故參天而爲三。方者一而圍四，四合二耦，故兩地而爲二。數皆倚此而起，故揲蓍三變之末，其餘三奇，則三三而九。三耦則三二而六，兩二一三則爲七，兩三一二則爲八。

觀變於陰陽而立卦，發揮於剛柔而生爻，和順於道德而理於義，窮理盡性以至於命。

和順，從容无所乖逆，統言之也。理，謂隨事得其條理，析言之也。窮天下之理，盡人物之性，而合於天道，此聖人作《易》之極功也。

右第一章

昔者聖人之作《易》也，將以順性命之理。是以立天之道曰陰與陽，立地之道曰柔與剛，立人之道曰仁與義。兼三才而兩之，故《易》六畫而成卦。分陰分陽，迭用柔剛，故《易》六位而成章。

兼三才而兩之，總言六畫。又細分之，則陰陽之位，間雜而成文章也。

右第二章

天地定位，山澤通氣，雷風相薄，水火不相射：八卦相錯。

薄，音博。邵子曰：此伏羲八卦之位，乾南、坤北、離東、坎西、兑居東南、震居東北、巽居西南、艮居西北。於是八卦相交而成六十四卦，所謂「先天之學」也。

數往者順，知來者逆，是故《易》，逆數也。

數，並上聲。起震而歷離、兑以至於乾，數已生之卦也；自巽而歷坎、艮以至於坤，推未生之卦也。易之生卦，則以乾、兑、離、震、巽、坎、艮、坤爲次，故皆逆數也。

右第三章

雷以動之，風以散之，雨以潤之，日以烜之，艮以止之，兑以説之，乾以君之，坤以藏之。

烜，與晅同。説，音悦。此卦位相對，與上章同。

右第四章

帝出乎震，齊乎巽，相見乎離，致役乎坤，説言乎兑，戰乎乾，勞乎坎，成言乎艮。

説，音悦。下同。帝者，天之主宰。邵子曰：此卦位乃文王所定，所謂「後天之學」也。

萬物出乎震，震，東方也。齊乎巽，巽，東南也。齊也者，言萬物之潔齊也。離也者，明也，萬物皆相見，南方之卦也；聖人南面而聽天下，嚮明而治，蓋取諸此也。坤也者，地也，萬物皆致養焉，故曰致役乎坤。兑，正秋也，萬物之所説也，故曰説言乎兑。戰乎乾，乾，西北之卦也，言陰陽相薄也。坎者，水也，正北方之卦也，勞卦也，萬物之所歸也，故曰勞乎坎。艮，東北之卦也，萬物之所成終，而所成始也，故曰成言乎艮。

嚮，讀作向。説，音悦。下同。薄，音博。上言帝，此言萬物之隨帝以出入也。

右第五章

此章所推卦位之説，多未詳者。

神也者，妙萬物而爲言者也。動萬物者，莫疾乎雷；撓萬物者，莫疾乎風；燥萬物者，莫熯乎火；説萬物者，莫説乎澤；潤萬物者，莫潤乎水；終萬物、始萬物者，莫盛乎艮。故水火相逮，雷風不相悖，山澤通氣，然後能變化，既成萬物也。

撓，乃飽反。熯，呼但反。悖，必内反。此去乾坤而專言六子，以見神之所爲，然其位序亦用上章之説，未詳其義。

右第六章

乾，健也；坤，順也；震，動也；巽，入也；坎，陷也；離，麗也；艮，止也；兑，説也。

説，音悦。此言八卦之性情。

右第七章

乾爲馬，坤爲牛，震爲龍，巽爲鷄，坎爲豕，離爲雉，艮爲狗，兑爲羊。

「遠取諸物」如此。

右第八章

乾爲首，坤爲腹，震爲足，巽爲股，坎爲耳，離爲目，艮爲手，兑爲口。

「近取諸身」如此。

右第九章

乾，天也，故稱乎父；坤，地也，故稱乎母；震一索而得男，故謂之長男；巽一索而得女，故謂之長女；坎再索而得男，故謂之中男；離再索而得女，故謂之中女；艮三索而得男，故謂之少男；兑三索而得女，故謂之少女。

索，色白反。長，之丈反。少，詩照反。下章同。索，求也；謂揲蓍以求爻也。男女，指卦中一陰一陽之爻而言。

右第十章

乾爲天，爲圜，爲君，爲父，爲玉，爲金，爲寒，爲冰，爲大赤，爲良馬，爲老馬，爲瘠馬，爲駁馬，爲木果。

圜，音圓。駁，邦角反。荀九家，此下有爲龍，爲直，爲衣，爲言。

坤爲地，爲母，爲布，爲釜，爲吝嗇，爲均，爲子母牛，爲大輿，爲文，爲衆，爲柄。其於地也，爲黑。

釜，房甫反。嗇，音色。荀九家，有爲牝，爲迷，爲方，爲囊，爲裳，爲黄，爲帛，爲漿。

震爲雷，爲龍，爲玄黄，爲旉，爲大塗，爲長子，爲決躁，爲蒼筤竹，爲萑葦。其於馬也，爲善鳴，爲馵足，爲作足，爲的顙。其於稼也，爲反生，其究爲健，爲蕃鮮。

旉，音孚。筤，音郎。萑，音丸。馵，主樹反。蕃，音煩。荀九家，有爲玉，爲鵠，爲鼓。

巽爲木，爲風，爲長女，爲繩直，爲工，爲白，爲長，爲高，爲進退，爲不果，爲臭。其於人也，爲寡髮，爲廣顙，爲多白眼，爲近利市三倍，其究爲躁卦。

下「爲長」之長，如字。荀九家，有爲楊，爲鸛。

坎爲水，爲溝瀆，爲隱伏，爲矯輮，爲弓輪。其於人也，爲加憂，爲心病，爲耳痛，爲血卦，爲赤。其於馬也，爲美脊，爲亟心，爲下首，爲薄蹄，爲曳。其於輿也，爲多眚，爲通，爲月，爲盜。其於木也，爲堅多心。

輮，如九反。亟，紀力反。曳，以制反。荀九家，有爲宮，爲律，爲可，爲棟，爲叢棘，爲狐，爲蒺藜，爲桎梏。

離爲火，爲日，爲電，爲中女，爲甲胄，爲戈兵。其於人也，爲大腹。爲乾卦，爲鱉，爲蟹，爲蠃，爲蚌，爲龜。其於木也，爲科上槁。

乾，音干。蟹，户買反。蠃，力禾反。蚌，步項反。荀九家有爲牝牛。

艮爲山，爲徑路，爲小石，爲門闕，爲果蓏，爲閽寺，爲指，爲狗，爲鼠，爲黔喙之屬。其於木也，爲堅多節。

蓏，力果反。黔，其堅反。喙，況廢反；又音咒。荀九家，有爲鼻，爲虎，爲狐。

兑爲澤，爲少女，爲巫，爲口舌，爲毁折，爲附決。其於地也，爲剛鹵，爲妾，爲羊。

折，之列反。鹵，力杜反。荀九家，有爲常，爲輔頰。

右第十一章

此章廣八卦之象，其間多不可曉者。求之於經，亦不盡合也。

序卦傳

有天地，然後萬物生焉。盈天地之間者唯萬物，故受之以《屯》；屯者，盈也；屯者，物之始生也。物生必蒙，故受之以《蒙》；蒙者，蒙也，物之穉也。物穉不可不養也，故受之以《需》；需者，飲食之道也。飲食必有訟，故受之以《訟》。訟必有衆起，故受之以《師》；師者，衆也。衆必有所比，故受之以《比》；比者，比也。比必有所畜，故受之以《小畜》。物畜然後有禮，故受之以《履》。履而泰，然後安，故受之以《泰》；

晁氏曰：鄭本无「而泰」二字。

泰者，通也。物不可以終通，故受之以《否》。物不可以終否，故受之以《同人》。與人同者，物必歸焉，故受之以《大有》。有大者不可以盈，故受之以《謙》。有大而能謙必豫，故受之以《豫》。豫必有隨，故受之以《隨》。以喜隨人者必有事，故受之以《蠱》；蠱者，事也。有事而後可大，故受之以《臨》；臨者，大也。物大然後可觀，故受之以《觀》。可觀而後有所合，故受之以《噬嗑》；嗑者，合也。物不可以苟合而已，故受之以《賁》；賁者，飾也。致飾然後亨則盡矣，故受之以《剥》；剥者，剥也。物不可以終盡剥，窮上反下，故受之以《復》。復則不妄矣，故受之以《无妄》。有无妄，然後可畜，故受之以《大畜》。物畜然後可養，故受之以《頤》；頤者，養也。不養則不可動，故受之以《大過》。物不可以終過，故受之以《坎》；坎者，陷也。陷必有所麗，故受之以《離》；離者，麗也。

右上篇

有天地，然後有萬物；有萬物，然後有男女；有男女，然後有夫婦；有夫婦，然後有父子；有父子，然後有君臣；有君臣，然後有上下；有上下，然後禮義有所錯。夫婦之道不可以不久也，故受之以《恒》；恒者，久也。物不可以久居其所，故受之以《遯》；遯者，退也。物不可以終遯，故受之以《大壯》。物不可以終壯，故受之以《晉》；晉者，進也。進必有所傷，故受之以《明夷》；夷者，傷也。傷於外者必反其家，故受之以《家人》。家道窮必乖，故受之以《睽》；睽者，乖也。乖必有難，故受之以《蹇》；蹇者，難也。物不可以終難，故受之以《解》；解者，緩也。緩必有所失，故受之以《損》。損而不已必益，故受之以《益》。益而不已必決，故受之以《夬》；夬者，決也。決必有所遇，故受之以《姤》；姤者，遇也。物相遇而後聚，故受之以《萃》；萃者，聚也。聚而上者謂之升，故受之以《升》。升而不已必困，故受之以《困》。困乎上者必反下，故受之以《井》。井道不可不革，故受之以《革》。革物者莫若鼎，故受之以《鼎》。主器者莫若長子，故受之以《震》；

震者，動也。物不可以終動，止之，故受之以《艮》；艮者，止也。物不可以終止，故受之以《漸》；漸者，進也。進必有所歸，故受之以《歸妹》。得其所歸者必大，故受之以《豐》；豐者，大也。窮大者必失其居，故受之以《旅》。旅而无所容，故受之以《巽》；巽者，入也。入而後説之，故受之以《兑》；兑者，説也。説而後散之，故受之以《涣》；涣者，離也。物不可以終離，故受之以《節》。節而信之，故受之以《中孚》。有其信者必行之，故受之以《小過》。有過物者必濟，故受之以《既濟》。物不可窮也，故受之以《未濟》終焉。

右下篇

雜卦傳

《乾》剛《坤》柔，《比》樂《師》憂；

樂，音洛。

《臨》、《觀》之義，或與或求。

以我臨物曰「與」，物來觀我曰「求」。或曰：二卦互有與求之義。

《屯》見而不失其居，《蒙》雜而著。

見，賢遍反。著，陟慮反。《屯》，震遇坎，震動故見坎險不行也；《蒙》，坎遇艮，坎幽昧，艮光明也。或曰：屯以初言，蒙以二言。

《震》，起也；《艮》，止也。《損》、《益》，盛衰之始也。《大畜》，時也；《无妄》，災也。

止健者時有適然。无妄而災自外至。

《萃》聚，而《升》不來也；《謙》輕，而《豫》怠也。《噬嗑》，食也；《賁》，无色也。

白受采。

《兑》見，而《巽》伏也。

見，賢遍反。兑，陰外見；巽，陰内伏。

《隨》，无故也；《蠱》，則飭也。

飭，與勑同。隨前无故，蠱後當飭。

《剥》，爛也；《復》，反也。《晉》，晝也；《明夷》，誅也。

誅，傷也。

《井》通，而《困》相遇也。

剛柔相遇，而剛見揜也。

《咸》，速也；《恒》，久也。

咸，速；恒，久。

《涣》，離也；《節》，止也。《解》，緩也；《蹇》，難也。《睽》，外也；《家人》，内也。《否》、《泰》，反其類也。

難，乃旦反。

《大壯》則止，《遯》則退也。

止，謂不進。

《大有》，衆也；《同人》，親也。《革》，去故也；《鼎》，取新也。《小過》，過也；《中孚》，信也。《豐》，多故也；親寡，《旅》也。

去，起吕反。既明且動，其故多矣。

《離》上而《坎》下也。

上，時掌反。下，遐嫁反。火炎上，水潤下。

《小畜》，寡也；《履》，不處也。

處，上聲。不處，行進之義。

《需》，不進也；《訟》，不親也。《大過》，顛也；《姤》，遇也，柔遇剛也。《漸》，女歸待男行也。《頤》，養正也。《既濟》，定也。《歸妹》，女之終也。《未濟》，男之窮也。《夬》，決也，剛決柔也；君子道長，小人道憂也。

長，丁丈反。自《大過》以下，卦不反對，或疑其錯簡，今以韻協之，又似非誤，未詳何義。

附録

《朱子語類》卷第六十七

看《易》，先看某《本義》了，卻看伊川解，以相參考。如未看他《易》，先看某説，卻易看也，蓋未爲他説所汩故也。燾。

方叔問：「《本義》何專以卜筮爲主？」曰：「且須熟讀正文，莫看注解。蓋古《易》，《彖》、《象》、《文言》各在一處，至王弼始合爲一。後世諸儒遂不敢與移動。今難卒説，且須熟讀正文，久當自悟。」大雅。

「某之《易》簡略者，當時只是略搭記。兼文義，伊川及諸儒皆已説了，某只就語脈中略牽過這意思。」礪。

「聖人作《易》，有説得極疏處，甚散漫。如爻象，蓋是汎觀天地萬物，取得來闊，往往只髣髴有這意思，故曰『不可爲典要』。又有説得極密處，無縫罅，盛水不漏，如説『吉凶悔吝』處是也。學者須是大著心胸方看得。譬如天地生物，有生得極細巧者，又自有突兀麄拙者。近趙子欽有書來云，某説《語》、《孟》極詳，《易説》卻太略。譬之此燭籠，添得一條骨子，則障了一路明。若能盡去其障，使之體統光明，豈不更好！蓋著不得詳説故也。」方子。（淵録云：「《易》中取象，似天地生物，有生得極細巧底，有生得麄拙突兀底。趙子欽云：『《本義》太略。』此譬如燭籠，添了一條竹片，便障了一路明。盡徹去了，使它統體光明，豈不更好！蓋是著不得詳説。如此看來，則取象處如何拘得！」）

「《啓蒙》，初間只因看歐陽公《集》内或問《易》『大衍』，遂將來考算得出。以此知諸公文集雖各自成一家文字，中間自有好處。緣是這道理人人同得。看如何，也自有人見得到底。」賀孫。

先生於《詩傳》，自以爲無復遺恨，曰：「後世若有揚子雲，必好之矣。」而意不甚滿於《易本義》。蓋先生之意，只欲作卜筮用。而爲先儒説道理太多，終是翻這窠臼未盡，故不能不致遺恨云。僩。

先生問時舉看《易》如何。曰：「只看程《易》，見其只就人事上説，無非日用常行底道理。」曰：「《易》最難看，須要識聖人當初作《易》之意。且如《泰》之初九：『拔茅茹，以其彙，征吉。』謂其引賢類進也。都不正説引賢類進，而云『拔茅』，何耶？如此之類，要須思看。某之《啓蒙》自説得分曉，且試去看。」因云：「某少時看文字時，凡見有説得合道理底，須旁搜遠取，必要看得他透。今之學者多不如是，如何？」時舉退看《啓蒙》。晚往侍坐，時舉曰：「向者看程《易》，只就注解上生議論，卻不曾靠得《易》看，所以不見得聖人作《易》之本意。今日看《啓蒙》，方見得聖人一部《易》，皆是假借虚設之辭。蓋緣天下之理，若正説出，便只作一件用。唯以象言，則當卜筮之時，看是甚事，都來應得。如《泰》之初九，若正作引賢類進説，則後便只作得引賢類進用。唯以

『拔茅茹』之象言之，則其他事類此者皆可應也。《啓蒙・警學》篇云：『理定既實，事來尚虚。用應始有，體該本無。』便見得《易》只是虚設之辭，看事如何應耳。」先生頷之。因云：「程《易》中有甚疑處，可更商量看。」時舉問：「《坤》六二爻，傳云『由直方而大』，竊意大是坤之本體，安得由直方而後大耶？」曰：「直、方、大，是坤有此三德。若就人事上説，則是『敬義立而德不孤』，豈非由直、方而後大耶？」時舉。

敬之問《啓蒙》「理定既實，事來尚虚，用應始有，體該本無。稽實待虚，存體應用。執古御今，以静制動」。曰：「聖人作《易》，只是説一箇理，都未曾有許多事，卻待他甚麽事來揍。所謂『事來尚虚』，蓋謂事之方來，尚虚而未有；若論其理，則先自定，固已實矣。『用應始有』，謂理之用實，故有。『體該本無』，謂理之體該萬事萬物，又初無形迹之可見，故無。下面云，稽考實理，以待事物之來；存此理之體，以應無窮之用。『執古』，古便是《易》書裏面文字言語。『御今』，今便是今日之事。『以静制動』，理便是静底，事便是動底。且如『即鹿無虞，惟入於林中。君子幾，不如舍，往吝』。其理謂將即鹿而無虞，入必陷於林中；若不舍而往，是取吝之道。這箇道理，若後人做事，如求官爵者求之不已，便是取吝之道；求財利者求之不已，亦是取吝之道。又如『潛龍勿用』，其理謂當此時只當潛晦，不當用。若占得此爻，凡事便未可做，所謂『君子動則觀其變而玩其占』。若是無事之時，『觀其象而玩其辭』，亦當知其理如此。某每見前輩説《易》，止把一事説。某之説《易》所以異於前輩者，正謂其理人人皆用之，不問君臣上下，大事小事，皆可用。

前輩止緣不把做占説了，故此《易》竟無用處。聖人作《易》，蓋謂當時之民，遇事都閉塞不知所爲。故聖人示以此理，教他恁地做，便會吉；如此做，便會凶。必恁地，則吉而可爲；如此，則凶而不可爲。《大傳》所謂『通天下之志』是也。通，是開通之意，是以《易》中止説道善則吉，卻未嘗有一句説不善亦會吉。仁義忠信之事，占得其象則吉；卻不曾説不仁不義不忠不信底事，占得亦會吉。如南蒯得『黄裳』之卦，自以爲大吉，而不知黄中居下之義，方始會元吉；反之則凶。《大傳》説『上下無常，剛柔相易，不可爲典要，惟變所適』，便見得《易》人人可用，不是死法。雖道是二、五是中，卻其間有位二、五而不吉者；有當位而吉，亦有當位而不吉者。若揚雄《太玄》，皆排定了第幾爻便吉，第幾爻便凶。然其規模甚散，其辭又澀，學者驟去理會他文義，已自難曉。又且不曾盡經歷許多事意，都去揍他意不著。所以孔子晚年方學《易》，到得平常教人，亦言『興於《詩》，立於《禮》，成於《樂》』，卻未曾説到《易》。」又云：「《易》之卦爻，所以該盡天下之理。一爻不止於一事，而天下之理莫不具備，不要拘執著。今學者涉世未廣，見理未盡，揍他底不著，所以未得他受用。」賀孫。

宋吴革刊十二卷本序

象、占，《易》本義也。伏犧畫卦，文王繫彖，周公繫爻，皆以象與占決，吉凶悔吝，各指其所之。孔子《十翼》，專以義理發揮經言，豈有異旨哉？體用一源，顯微無間，互相發而不相悖也。

程子以義理爲之傳，朱子以象、占本其義，革每合而讀之，心融體驗，將終身玩索，庶幾寡過。昨刊程《傳》于章貢郡齋，今敬刊《本義》于朱子故里，與同志共之。抑朱子有言：「順理則吉，逆理則凶。」「悔自凶而趨吉，吝自吉而向凶。」必然之應也。夫子曰：「不占而已矣。」咸淳乙丑立秋日，後學九江吴革謹書。

宋王應麟《玉海》卷三十六

淳熙《易學啓蒙》、《本義》

朱文公熹。淳熙四年，《易本義》成，十二卷。又爲諸圖冠首，爲五贊及筮儀附于末。音義二卷。十三年三月，《易學啓蒙》成，四篇，以《本圖書》、《原卦畫》、《明蓍策》、《考變占》爲次。

宋陳振孫《直齋書録解題》卷一易類

《易傳》十一卷、《本義》十二卷、《易學啓蒙》一卷

焕章閣待制、侍講新安朱熹晦庵撰。初爲《易傳》，用王弼本。復以吕氏《古易經》爲《本義》，其大旨略同，而加詳焉。首列九圖，末著揲法。大略兼義理、占象而言。《啓蒙》之目曰《本圖書》、《原卦畫》、《明蓍筮》、《考變占》，凡四篇。

元馬端臨《文獻通考》卷一七六

晦庵《易傳》《易本義》《易學啓蒙傳》十一卷、《本義》十二卷、《啓蒙》一卷

《朱子語録》曰：《易》只是卜筮之書，今人説得來太精了，更入麤不得。如某之説雖麤，然却入得精，精義皆在其中。若曉得某一人説，則曉得伏羲、文王之《易》本是如此，元來有許多道理在，方不失《易》之本意。今未曉得聖人作《易》之本意，便要説道理，縱饒説得好，只是與《易》元不相干。聖人分明説「昔者聖人之《易》，觀象、設卦、繫辭焉以明吉凶」。幾多分曉。某所以説《易》只是卜筮書者，此類可見。問讀《本義》所釋卦辭，若看得分明，則《彖辭》之義亦自明，只須略提破此是卦義，此是卦象、卦體、卦變，不必更下注脚矣。曰：某當初作此文字時，正欲如此。蓋《彖辭》本是釋經之卦辭，若看卦辭分明，則《彖》亦可見。但後來要重整頓過，未及，不知解者能如此本意否？又曰：某作《本義》，欲將文王卦辭只大綱依文王卦辭略説，至其所以然之故，却於孔子《彖辭》中發之。且如「《大畜》，利貞，不家食吉，利涉大川」，只是占得《大畜》卦者爲利正，不家食而吉，利於涉大川。至於「剛上而尚賢」等處，乃孔子發明，各有所主，爻、《象》亦然。如此則不失文王本意，又可見孔子之意，但而今未暇整頓耳。某之《易》簡略者，當時只是略搭記，兼文義，伊川及諸儒皆已説了，某只就語脉中略牽過這意思。近得趙子欽書云：「《語》、《孟》説極詳，《易》説太略。」此譬如燭籠，添一條骨，則障了一路明，若能去其障，使之統體光明，乃更好。蓋著不得詳説也。上經猶可曉，易解，下經多有不可解，難曉處。不知是某看到末梢，懶了解不得，爲復是難解？又曰：《繫辭》也如此，只是《上繫》好看，《下繫》没理會。

陳氏曰：晦庵初爲《易傳》，用王弼本。復以吕氏《古易經》爲《本義》，其大指略同，而加詳焉。首列九圖，末著揲法，大略兼義理、占象而言。《啓蒙》之目曰《本圖書》、《原卦畫》、《明蓍筮》、《考變占》，凡四篇。

《宋史》卷二〇二《藝文志》一

朱熹《易傳》十二卷，又《本義》十二卷，《易學啓蒙》三卷，《古易音訓》二卷

清顧炎武《日知録》卷一《朱子周易本義》

《周易》自伏羲畫卦，文王作彖辭，周公作爻辭，謂之經。經分上下二篇。孔子作十翼，謂之傳。傳分十篇：《彖傳》上、下二篇，《繫辭傳》上、下二篇，《文言》、《説卦傳》、《序卦傳》、《雜卦傳》各一篇。

自漢以來，爲費直、鄭玄、王弼所亂，取孔子之言逐條附於卦爻之下。程正叔《傳》因之。及朱元晦《本義》，始依古文。故于《周易·上經》條下云：「中間頗爲諸儒所亂，近世晁氏始正其失，而未能盡合古文。吕氏又更定著爲經二卷，傳十卷，乃復孔氏之舊云。」洪武初，頒《五經》天下儒學，而《易》兼用程、朱二氏，亦各自爲書。永樂中修《大全》，乃取朱子卷次，割裂附之程《傳》之後，而朱子所定之古文仍復淆亂。「彖即文王所繫之辭，傳者孔子所以釋經之辭也，後凡言傳放此」，此乃《彖・上傳》條下義，今乃削「彖上傳」三字，而附於「大哉乾元」之下。「象者，卦之上、下兩象及兩象之六爻，周公所繫之辭也」，乃《象・上傳》條下義，今乃削「象上傳」三字，而附於「天行健」之下。「此篇申《彖傳》、《象傳》之意以盡乾、坤二卦之藴，而餘卦之説因可以例推云」，乃《文言》條下義，今乃削「文言」二字，而附於「元者善之長也」之下。其「彖曰」、「象曰」、「文言曰」字皆朱子本所無，復依程《傳》添入。後來士子厭程《傳》之多，棄去不讀，專用《本義》。而《大全》之本乃朝廷所頒，不敢輒改，遂即監版《傳義》之本刊去程《傳》，而以程之次序爲朱之次序。相傳且二百年矣。惜乎，朱子定正之書竟不得見於世，豈非此經之不幸也夫？

朱子記嵩山晁氏《卦爻彖象説》謂：「古經始變于費氏，而卒大亂于王弼。」此據孔氏正義曰：「夫子所作象辭，元在六爻經辭之後，以自卑退，不敢干亂先聖正經之辭。」王輔嗣之意，以爲象者本釋經文，宜相附近，其義易了，故分爻之象辭各附其當爻下，如杜元凱注《左傳》，分經之年與傳相附。故謂連合經傳始於輔嗣，不知其實本于康成也。《魏志》：高貴鄉公幸太學，問博士淳于俊曰：「孔子作《彖》、《象》，鄭玄作注，其釋經義一也。今彖、象不與經文相連，而注連之，何也？」俊對曰：「鄭玄合《彖》、《象》於經者，欲使學者尋省易了也。」帝曰：「若合之於學誠便，則孔子曷爲不合以了學者乎？」俊對曰：「孔子恐其與文王相亂，是以不合。此聖人以不合爲謙。」帝曰：「聖人以不合爲謙，則鄭玄何獨不謙邪？」俊對曰：「古義宏深，聖問奥遠，非臣所能詳盡。」是則康成之書已先合之，不自輔嗣始矣。乃《漢書·儒林傳》云：「費直治《易》，無章句，徒以《彖》、《象》、《繫辭》、《文言》解説上、下經。」則以傳附經又不自康成始。朱子記晁氏説，謂：「初亂古制時，猶若今之乾卦。」蓋自坤以下皆依此，後人又散之各爻之下，而獨存乾一卦以見舊本相傳之樣式耳。愚嘗以其説推之，今乾卦「象曰」爲一條，「象曰」爲一條，疑此費直所附之元本也。坤卦以小象散於各爻之下，其爲「象曰」者八，餘卦則爲「象曰」者七，此鄭玄所連，高貴鄉公所見之本也。

程《傳》雖用輔嗣本，亦言其非古《易》。《咸》：「九三，咸其股，亦不處也。」《傳》曰：「云『亦』者，蓋《象辭》，本不與《易》相比，自作一處，故諸爻之《象辭》意有相續者。此言『亦』者，承上爻辭也。」

秦以焚書而《五經》亡，本朝以取士而《五經》亡。今之爲科舉之學者，大率皆帖括熟爛之言，不能通知大義者也，而《易》、《春秋》尤爲繆盭。以象、傳合大象，以大象合爻，以爻合小象，二必臣，五必君，陰卦必云小人，陽卦必云君子，於是此一經者爲拾瀋之書，而《易》亡矣。取胡氏傳一句、兩句爲旨，而以經事之相類者合以爲題，傳爲主，經爲客，有以彼經證此經之題，有用彼經而隱此經之題，於是此一經者爲射覆之書，而《春秋》亡矣。復程、朱之書以存《易》，備《三傳》、啖、趙諸家之説以存《春秋》，必有待於後之興文教者。

《四庫全書總目》卷三經部易類三

《周易本義》十二卷附《重刻周易本義》四卷（内府校刊宋本）

宋朱子撰。是書以上、下經爲二卷，十翼自爲十卷。

顧炎武《日知録》曰：「洪武初，頒五經天下儒學，而《易》兼用程、朱二氏，亦各自爲書。永樂中修《大全》，乃取朱子卷次，割裂附程《傳》之後，而朱子所定之古文仍復淆亂。如『彖即文王所繫之辭，傳者孔子所以釋經之辭，後凡言傳仿此』，乃《彖·上傳》條下義，今乃削去『彖上傳』三字，而附於『大哉乾元』之下。『象者，卦之上、下兩象及兩象之六爻，周公所繫之辭也』，乃《象·上傳》條下義，今乃削去『象上傳』三字，而附於『天行健』之下。『此篇申《彖傳》、《象傳》之義，以盡乾、坤二卦之藴，而餘卦之説因可以例推云』，乃《文言》條下義，今乃削去『文言』二字，而附於『元者，善之長也』之下。其『彖曰』、『象曰』、『文言曰』，皆朱子本所無，復依程《傳》添入。後來士子厭程《傳》繁多，棄去不讀，專用《本義》。而《大全》之本乃朝廷所頒，不敢輒改，遂即監板《傳義》之本刊去程《傳》，而以程之次序爲朱之次序。」又曰：「今《四書》坊本，每張十八行，每行十七字，而注皆小字，《書》、《詩》、《禮記》並同。惟《易》每張二十二行，每行二十三字，而《本義》皆作大字，與各經不同。凡《本義》中言『程《傳》備矣』者，又添一『傳曰』而引其文，皆今代人所爲」云云。其辨最爲明晳。然割裂《本義》以附程《傳》，自宋董楷已然，不始於永樂也。（詳董楷《周易

傳義附録》條）

此本爲咸淳乙丑九江吴革所刊，内府以宋槧摹雕者。前有革序，每卷之末題「敷原後學劉公校正文字」。行款及《象傳》履、夬二卦不載程《傳》，一一與炎武所言合。卷端惟列九圖，卷末係以《易贊》五首、《筮儀》一篇，與今本升《筮儀》於前而增列《卦歌》之類者，亦迥乎不同。《彖·上傳》標題之下注「從王肅本」四字，今本删之。又《雜卦傳》「咸，速也；恒，久也」下，今本惟注「咸，速；恒，久」四字，讀者恒以爲疑。考驗此本，乃是「感，速；常，久」，經後人傳刻而訛，實爲善本。故我聖祖仁皇帝御纂《周易折中》即用此本之次序，復先聖之舊文，破俗儒之陋見，洵讀《易》之家所宜奉爲彝訓者矣。至成矩重刻之本，自明代以來，士子童而習之，歷年已久，驟令改易，慮煩擾難行。且其本雖因永樂《大全》，實亦王、韓之舊本，唐用之以作《正義》者。是以國朝試士，惟除其爻、象之合題，而命題次序則仍其舊。内府所刊袖珍五經，亦復因仍。考漢代《論語》凡有三本，梁皇侃《論語義疏序》稱「《古論》分《堯曰》下章『子張問』更爲一篇，合二十一篇。篇次以《鄉黨》爲第二篇，《雍也》爲第三篇。《齊論》題目長《問王》、《知道》二篇，合二十二篇。《魯論》有二十篇，即今所講是也」云云。是自古以來，經師授受，不妨各有異同。即秘府儲藏，亦各兼存衆本。苟其微言大義，本不相乖，則篇章分合，未爲大害於宏旨。故今但著其割裂《本義》之失，而仍附原本之後，以備參考焉。